Luftkurort
WALDECK
Deutsche Fachwerk Straße
Weinberg
Großer Mehlberg
404
Kleiner Mehlberg
NSG
Reitplatz
Fischzucht
Natur-erlebnis-haus
Werbetal
Nieder-Werbe
Bärenberg
377
Hengstwiese
420
Mühlecke
Bärental
Ferienkinder-garten
Waldeck-West
Wasserschutz-polizei
Vornhagen
Schloss Waldeck
Waldeck-West
Taucher-stelle
Dorfstelle Berich
Segelschule
DLRG
Edersee
Bericherhütte
Europahain
Bettenhagen
384
Baumkronenweg
Kletterpark
Eschelberg
312
Buchholz
Hammerberg
Bericher Holz
WildtierPark Edersee
BuchenHaus
Stollmühle
Wasserski-gebiet
Sperrmauer-Ost
Sperrmauer
Sperrmauer-West
Aquapark
Beginn Ederauen-Erlebnispfad
Rehbach
(Gem. Edertal)
Fisch-räucherei
Scheid
Yachthof Edersee
Bringhausen
SCHEID
(Stadt Waldeck)
Alt Bringhausen
283
Dorfstelle Bringhausen
Hemfurth-
(Gemeinde Edertal)
Hofacker
291
Edersee
(Gemeinde Edertal)
Klausberg
K 35
Weißer Stein
429
440
Burberg
412
Kleiner Hegekopf
Großer Hegekopf
454
Ochsenwurzels-kopf
542
Kraftwerk Waldeck
Luttersböhl
Jausenstation
Standseilbahn
Hoch-speicher-becken
Peterskopf
Borndellen
Sauermilchplatz
Halde Daudenberg
Jürgenkopf
Eulenkopf
406
462
Stürtzelskopf
Elmsberg
527
Ruckenbornkopf
543
580
Buschborn
Kanzel
395
Ehrenkopf
Michelskopf
425
Prinzenpölskopf
338
Blauer Kopf
Hainграben
Tolles Haus
Ederauen-Erlebnispfad
Eder-Draisine
Affolderner See
NSG
Stausee von Affoldern
WKW Affoldern
Rabenstein
439
Kumpeskopf
Klippersche Tor
Mehler Holz
Dinkelsburg
Affoldern
(Gemeinde Edertal)
Mehlen
(Gem. Edertal)
L 3383
L 3086
stillgelegte Strecke
Galgenkopf
243
NSG Zechsteinhänge
Buhlen
(Gemeinde Edertal)
Prähistorische Fundstelle Buhlen
Hardt
Mauser Werke
Wernertsberg
330
322
327
K 27
B485
L 3256
KKV
© kk-verlag.de
Lizenz-Nr. H062-2017

Norbert Panek · Nationalpark Kellerwald-Edersee

Rangsdorf
Natur+Text

Norbert Panek

Nationalpark Kellerwald-Edersee

Weltnaturerbe in Hessen

Mit freundlicher Unterstützung von

BUND Hessen
NATURSCHUTZSTIFTUNG

Bibliografische Information der Deutschen Nationalbibliothek
Die Deutsche Nationalbibliothek verzeichnet diese Publikation in der Deutschen Nationalbibliografie; detaillierte bibliografische Daten sind im Internet über http://dnb.dnb.de abrufbar.

Alte Buchenwälder Deutschlands Band 4
Nationalpark Kellerwald-Edersee
Weltnaturerbe in Hessen
Norbert Panek
Rangsdorf: Natur+Text 2017; 168 S.; 24 x 22 cm
ISBN 978-3-942062-30-5

Friedensallee 21, D-15834 Rangsdorf, Tel. 033708 / 20431
verlag@naturundtext.de; www.naturundtext.de
Lektorat: Kerstin Koch
Layout und Satz: Birgit Cirksena · Satzfein, Berlin
Gesetzt aus der Myriad Pro
Druck und Bindung: Westermann Druck Zwickau GmbH
Gedruckt auf Profisilk 150 g

ISBN 978-3-942062-30-5

Inhaltsverzeichnis

Vorwort

Weltnaturerbe – ein neues Wort im Vokabular des deutschen Naturschutzes, eine besondere Auszeichnung für naturschutzfachlich bedeutende Lebensräume, die damit auch dem Schutz der UNESCO unterliegen. Mit dieser Auszeichnung werden nicht nur die geschützten Flächen in einer ganz besonderen Weise geadelt, es wird gleichzeitig deutlich gemacht, dass derartig wertvolle Naturflächen den Kulturdenkmälern des „Weltkulturerbes" gleichgestellt sind. Beide Schutzkategorien dienen damit nicht nur dem Schutz vor Zerstörung, sondern auch dem Schutz für die Menschen, die Kultur und Natur in gleicher Art und Weise benötigen.

Die ausgezeichneten Teilflächen des Nationalparks Kellerwald-Edersee in Nordhessen weisen die Kriterien der Natürlichkeit in besonderer Ausprägung auf und sind durch ihre Lage im Nationalpark und dort im Bereich der Flächen völlig ohne Eingriffe durch den Menschen als Wildnisflächen geschützt. Im Verbund mit vier weiteren Weltnaturerbeflächen in Deutschland fand die Anerkennung als Ergänzung der bereits bestehenden Weltnaturerbeflächen der Ukraine und der Slowakei statt. Darauf sind die ausgewiesenen Gebiete zu Recht stolz und auch für die Nationalparkidee und deren Umsetzung in Deutschland ist dies eine wertvolle Bestätigung.

Unter anderem durch diese Erweiterung des Weltnaturerbes Europäische Buchenwälder fand ein weiterer Prozess statt, in dem Buchenurwaldrelikte in insgesamt zehn Ländern von der baltischen Region bis nach Albanien bewertet und zur Nominierung als serielle Weltnaturerbestätten vorgeschlagen und mittlerweile anerkannt wurden. Ein toller Erfolg und eine wegweisende Weiterentwicklung für den Waldnaturschutz in Europa.

Um der Bedeutung dieser Gebiete und hier insbesondere der Teilflächen des Nationalparks Kellerwald-Edersee die nötige öffentliche Beachtung zu schaffen, soll das vorliegende Buch – als Teil einer fünfbändigen Reihe zu den fünf deutschen Gebieten – dienen. Öffentlichkeitsarbeit für den Naturschutz ist eines der wichtigsten Ziele der BUND Hessen Naturschutzstiftung, deshalb haben wir unsere Zusage zur Unterstützung der Herausgabe dieses Buches schnell und unbürokratisch gefällt.

Als Mitinitiator der Ausweisung des Nationalparks Kellerwald-Edersee stand der BUND in erster Reihe in der damaligen Diskussion. Der Autor des Buches war Mitglied der Kerngruppe engagierter Naturschützer vor Ort in Nordhessen, die über viele Jahre den Prozess zum Nationalpark begleitet und unterstützt haben.

Dem Buch wünschen wir eine weite Verbreitung, viele begeisterte Leser und die Botschaft für einen einzigartigen, wertvollen und wunderschönen Wald der unseren Schutz verdient und uns vielfach dafür entschädigt, wenn wir ihn zu allen Jahreszeiten anschauen, erwandern und uns von den vielen großen und kleinen Wundern der Natur begeistern lassen.

Jörg Nitsch
Vorsitzender der BUND Hessen Naturschutzstiftung

BUND Hessen
NATURSCHUTZSTIFTUNG

Homberg
Berntorp
Strot
Hornkay
Scheiesshe
Freienhag
Lolbach
Melm
Rekerkausen
Lengevelt
Itter fluuii
Dalwig
Memerkausn
Lauterbach
Nense
Nordenbick
Torfitter
Itter
Ense
Merbehag
Bastdorf
Steinberg
Selbach
Saxenhausen
Alraf
Werbe
Waldeck
Netz
Hoenschet
Bersichausen
Afoldr
Bum
Boen
Berghem
Kun
Furstenkirch
Afers
Voel
Essel
Henfurt
Melm
Gysels
Anraf
Furstenberg
Buchmar
Orck
Harpshausen
Gellershausen
Schmitlo
Brunkausen
Altenlotheim
Quirnhast
Kleinern
Albershausen
Wildungen
Westen
Twesten
Armsvelt
Gershause
Virmunt
Francnaw
Frebershausen
Hudingen
War fluuius
Behwershausen
dies

Zum Geleit

Teile des Nationalparks Kellerwald-Edersee wurden 2011 zusammen mit vier deutschen Schutzgebieten und zehn Buchenurwaldgebieten in den Ostkarpaten zum seriellen UNESCO-Weltnaturerbe der Menschheit erklärt. Dieses Welterbe repräsentiert einen für den Kontinent Europa charakteristischen Waldtyp, den Rotbuchenwald, der wegen seiner herausragenden universellen Bedeutung sowie seiner einzigartigen natürlichen (noch anhaltenden) Entwicklungsgeschichte von der Weltgemeinschaft ausgezeichnet wurde. Die Geschichte der Buchenwälder ist gleichzeitig auch die Geschichte unserer gewachsenen Kulturlandschaft, in der Buchenwälder über viele Jahrhunderte eine große Rolle als Holzlieferant und Energieversorger spielten.

Ziel des vorliegenden Buches ist es, nicht nur die Sehenswürdigkeiten des Nationalparks vorzustellen, sondern dem Leser auch die komplexen, natur- und kulturbezogenen Aspekte von Buchenwäldern und – davon unabhängig – den einzigartigen „Charakter" des Naturerbeguts näherzubringen. Die Region „Kellerwald" ist dafür als Anschauungsobjekt in besonderer Weise geeignet, da sie auch außerhalb des Nationalparks große zusammenhängende Buchenbestände und zudem gut sichtbare, historische Zeugnisse der Landschaftsentwicklung vorweisen kann.

Der Kellerwald ist somit ein Archiv der Landschaftsgeschichte; er umfasst mit seinen Spuren und Zeitzeugnissen kaleidoskopisch alle Aspekte der Buchenwaldentwicklung, von den Urwaldrelikten über die Urwald-Initialstadien im Nationalpark bis hin zu den heutigen Formen der modernen Forstwirtschaft. Anhand pollenanalytischer Befunde kann die regionale, postglaziale Waldgeschichte sowie die Ausbreitung der Buche ab dem „Subboreal" (ca. 3.000 Jahre vor heute) belegt werden. Das breite Spektrum des Naturraumes mit den vielen Sonderstandorten erlaubt zudem einen exemplarischen Einblick in die verschiedenen Varianten und Begleitelemente von Buchenwäldern.

So beherbergt der Kellerwald eines der letzten großen, unzerschnittenen Hainsimsen-Buchenwaldgebiete im westlichen Europa. Vorhandene gut erhaltene Reste historischer Waldnutzungsformen (Hute- und Niederwälder, Driescher, Heiden) veranschaulichen die vielfältigen Einflüsse des Menschen auf die Waldlandschaft im Verlauf des Mittelalters sowie auf die allmähliche Rückdrängung der Buchenwälder. Auch die Zusammenhänge der regionalhistorischen Einflussfaktoren, wie etwa die Gründung des Zisterzienserklosters Haina im 13. Jahrhundert, der Bergbau und die damit verbundene Holzköhlerei sowie die höfische Jagd, die sich zusammengenommen auf die Wald- und Kulturlandschaftsgeschichte maßgeblich auswirkten, lassen sich beispielhaft aufzeigen. Schließlich können rezente Buchenbestände der Region Einblick in die gegenwärtige Waldnutzung geben. Aus der Summe dieser Puzzleteile entsteht ein kompaktes „Gesamtbild" der regionalen Buchenwaldgeschichte, die das Welterbe mit seinen verschiedenen Facetten begreifbar und erlebbar macht.

Das vorliegende Buch erzählt aber auch die lange Geschichte der Nationalparkentstehung, denn die Gründung des rund 5.700 ha großen Schutzgebiets war kein leichter Akt: Der formalen Ausweisung ging eine fast 18 Jahre andauernde hartnäckige, kontroverse Diskussion voraus. Mit diesem Buch möchte der Autor für ein „Weltnaturerbe-Bewusstsein" innerhalb und außerhalb der Region werben, das letztendlich die Voraussetzung für einen sorgsam vorausschauenden Umgang mit unseren Wäldern insgesamt sein könnte.

Norbert Panek

Fünf auf einen Streich

Buchenwälder galten vor allem aus Forstsicht, aber lange Zeit auch aus Naturschutzsicht als „Allerweltsbiotop" und somit als nicht besonders schützenswert. Obwohl sich in den letzten Jahrzehnten sehr viele wissenschaftliche Studien eingehend mit Buchenwäldern befassten, blieben die gewonnenen Erkenntnisse meist auf einen begrenzten Kreis von Experten beschränkt. Erst in den letzten 15 Jahren wagte man den Blick über den „Tellerrand" und es zeigte sich, dass Rotbuchenwälder eine Art „Alleinstellungsmerkmal" auf globaler Ebene darstellen und für den Schutz der „angestammten" biologischen Vielfalt in unserem Land eine zentrale Rolle spielen. Vegetationsgeschichtlich sind Buchenwälder mit der heimischen Art *Fagus sylvatica* ein spezifisches europäisches Phänomen, das ein weltweit einmaliges Beispiel für den seit dem Pleistozän in Gang befindlichen Prozess der Ausbreitung dieser Baumart darstellt. Als sogenannter „on-going-ecological-process" ist dieser dynamische Vorgang noch immer nicht abgeschlossen.

Der aktuelle Weltgesamtbestand an Wäldern, in denen die Gattung *Fagus* mehr oder weniger bestandsbildend vertreten ist, dürfte nach vorsichtigen Schätzungen bei höchstens 250.000 km^2 liegen, wobei sich ca. 85 % der Bestände in Europa befinden. Dies verdeutlicht die herausgehobene Verantwortung Europas für den weltweiten Erhalt der Buchenwälder.

Das theoretisch denkbare europäische Gesamtareal der durch *Fagus sylvatica* geprägten Wälder umfasst mithin rund 907.000 km^2, welches sich im Norden über Südschweden und Dänemark und im Süden bis Sizilien erstreckt. In der südlichen Balkanregion wird die Rotbuche allmählich von der „Mösischen Buche" sowie auf der Krim von der „Taurischen Buche", beides natürliche Kreuzungsformen zwischen *F. sylvatica* und *F. orientalis*, abgelöst. Weiter östlich liegt schließlich der Verbreitungsschwerpunkt der Orientbuche (*F. orientalis*). Genetisch sind die beiden räumlich eng verzahnten *Fagus*-Arten kaum zu unterscheiden.

Kalk-Buchenurwald im kroatischen Reservat „Corcova uvala" (Nationalpark Plitvicka jezera; Foto: Ralf Kubosch).

Von dem einstigen (vermuteten) Verbreitungsareal der Rotbuchenwälder sind heute in Europa nur noch etwa 216.000 km^2 (24 %) übrig. Bedeutende Flächen, auf denen noch Buchenwälder vorherrschen, sind in den Ländern Deutschland, Frankreich, Slowenien und Rumänien zu finden, wobei vor allem Rumänien noch Primärwälder auf größerer Fläche beherbergt. Der größte, zusammenhängende Buchenurwaldrest liegt allerdings in den ukrainischen Karpaten und umfasst etwa 90 km^2. Buchenwälder sind in vielen Teilen Europas unwiederbringlich zerstört worden und ihre durch Waldweide und Holznutzung degradierten

Land	Gebietsname	Welterbe-Kernzone [ha]	Pufferzone [ha]
Ukraine	Chornohora	2.477	12.925
	Maramarosh	2.244	6.230
	Snydovets	3.031	5.640
	Kuziy-Trybushany	1.370	3.163
	Uholka-ShyrokyiLuh	11.860	3.301
	Stuzhytsia-Uzhok	2.532	3.615
Slowakei	Stuzica-Bukovske Vrchy	2.950	11.300
	Havesova	171	64
	Rozok	67	41
	Vihorlat	2.578	2.413
Deutschland	Hainich	1.573	4.085
	Kellerwald	1.467	4.271
	Grumsin	590	274
	Serrahn	268	2.568
	Jasmund	492	2.510
Alle Gebiete		33.670	62.400

Teilgebiete der anerkannten Weltnaturerbestätte „Buchenurwälder der Karpaten und Alte Buchenwälder Deutschlands" (Stand 2016, Quelle: Bundesamt für Naturschutz).

Restbestände machen nur noch einen Bruchteil des ursprünglichen Areals aus.
2007 wurden in den Ländern Ukraine und Slowakei einige ausgewählte Buchenwaldgebiete in einer „seriellen" Nominierung als UNESCO-Weltnaturerbestätten unter dem offiziellen Titel „Primeval Beech Forests of the Carpathians" („Buchenurwälder der Karpaten") anerkannt. Dieses Welterbe-Cluster umfasst insgesamt zehn Teilgebiete mit einer Gesamtfläche von 292,78 km^2, in denen bedeutende, größtenteils fast völlig unversehrte Buchenwälder vorkommen (siehe Tabelle). Allerdings liegen die Gebiete in der montanen, östlichen Peripherie des europäischen Buchenwald-Verbreitungsareals und repräsentieren damit das Weltnaturerbe nur unvollständig.
Ende der 1990er Jahre gab es im nordhessischen Kellerwald bereits Überlegungen in Richtung einer denkbaren

Blick in die Baumschicht des größten zusammenhängenden Buchenurwalds Europas (Uholka-Shyrokyi Luh; Foto: Ralf Kubosch).

Der Nationalpark Hainich in Thüringen beherbergt Buchenwälder auf basenreichen Standorten (Foto: Wolfgang Ewert).

„mitteleuropäischen" Welterbe-Initiative, die verschiedene Buchenwälder im Zentrum ihres Verbreitungsareals berücksichtigen sollte. In einer 2004 vom Bundesamt für Naturschutz in Auftrag gegebenen Screening-Studie wurde die Welterbe-Eignung einiger deutscher Naturgebiete näher geprüft. Erstmalig wurden dabei auch Buchenwälder als Nominierungsvorschlag in Erwägung gezogen. Nach den Richtlinien der UNESCO müssen die Welterbegebiete als zentrale Anerkennungskriterien einen „außergewöhnlichen universellen Wert" sowie einen Zustand der „Unversehrtheit" vorweisen. Fraglich war, ob deutsche Waldgebiete diese Kriterien überhaupt erfüllen können. In der genannten Studie wird dazu ausgeführt, die meisten deutschen Gebiete seien durchweg „zu klein, um zusammen ein vollständiges Arteninventar und natürliche, ökologische Waldprozesse ausreichend sicherzustellen. Eine gute

Knorrige, krummwüchsige Buchen sind ein Markenzeichen des Nationalparks Kellerwald-Edersee (Foto: Ralf Kubosch).

Chance bestände hingegen in einer Beteiligung Deutschlands an einer internationalen Cluster-Nominierung ... In einem derartigen Cluster könnten passfähig auch ein oder mehrere deutsche Buchenwälder aufgenommen werden." Durch die UNESCO-Anerkennung der zehn Buchenwaldreservate in den Karpaten stiegen die Chancen für eine mögliche ergänzende Nominierung deutscher Buchenwaldgebiete schlagartig. Bereits 2006 sollte eine Machbarkeitsstudie klären, welche Gebiete sich dafür eignen. Als Ergebnis wurden insgesamt fünf Flächen vorgeschlagen, vier Kernzonen in den Nationalparks Jasmund, Müritz, Hainich und Kellerwald-Edersee sowie eine Kernzone (Grumsin) im Biosphärenreservat Schorfheide-Chorin. In der Studie wurden 23 Waldgebiete eingehend evaluiert, davon konnten insgesamt neun als mehr oder weniger „nominierungstauglich" eingestuft werden, darunter u. a. der „Steigerwald" und der „Hochspessart" (Bayern). Letztlich hatten aber schon im Vorfeld die zuständigen Behörden in

An der Kreide-Steilküste im Nationalpark Jasmund fällt der Buchenwald buchstäblich ins Meer (Foto: Andreas Kämper).

Eiszeitliche Moore und Seen kennzeichnen die Buchenwaldlandschaft „Grumsin" (Biosphärenreservat Schorfheide-Chorin; Foto: Wolfgang Ewert).

den Bundesländern Mecklenburg-Vorpommern, Brandenburg, Thüringen und Hessen (als einziges westdeutsches Land) ein frühes fachliches Signal gesendet und nachdrücklich ihr Interesse am Aufbau eines deutschen Buchenwald-Clusters bekundet. Im Jahr 2010 konnte der deutsche Nominierungsantrag mit den fünf Gebieten der genannten Bundesländer schließlich nach intensiver Vorarbeit bei der UNESCO eingereicht werden. In der Begründung des Antrags musste vor allem deutlich gemacht werden, was genau eine „Erweiterung" des bestehenden UNESCO-Clusters der westkarpatischen Buchenwälder rechtfertigt. Im Antragsdossier wurde dazu Folgendes ausgeführt:
„In Kombination mit dem Weltnaturerbe ‚Primeval Beech Forests of the Carpathians' erzählen die nominierten ‚Alten Buchenwälder Deutschlands' die Geschichte der nacheiszeitlichen Waldentwicklung Europas umfassend und prägnant. Die nominierten Teilgebiete ergänzen das Weltnaturerbe der karpatischen Buchenurwälder substanziell um folgende maßgebliche Aspekte, die für das Verständnis von Geschichte und Entwicklung europäischer Buchenwälder unabdingbar sind und die nicht von der bestehenden Welterbestätte abgedeckt werden:

- die Ergänzung der postglazialen Ausbreitungsgeschichte,
- die Vervollständigung der Höhengradienten von der Meeresküste bis zum unteren Bergland,
- die Ergänzung der besten verbleibenden Beispiele im geographischen Kernland der Buchenausbreitung,
- die Erweiterung des ökologischen Spektrums mit …

Das rund 800 Hektar große Naturwaldreservat „Sasso Fratino" beherbergt die letzten ursprünglichen Buchenwälder Italiens (Foto: Ralf Kubosch).

Blick auf die ausgedehnte Waldlandschaft des nördlichen Apennin (Foto: Ralf Kubosch).

unterschiedlichen Buchenwaldtypen ..., die den Großteil der einheimischen biologischen Vielfalt in Mitteleuropa abdecken,

- die Einbeziehung von spezifischen Bestandteilen typischer landschaftsökologischer Komplexe, z.B. Küstenklippen, Sümpfe, Seen, Felsen ...,
- der Genpool innerhalb ein und derselben Art *Fagus sylvatica*."

Diese sehr ausführliche Begründung des Welterbe-Antrags vereint verschiedene moderne Aspekte des Naturschutzes mit einem sehr breiten ökosystemaren Ansatz. In Bezug auf den Welterbestatus geht es neben dem Merkmal „Einzigartigkeit" vor allem um die Aspekte „Vollständigkeit" und „Integrität" (Unversehrtheit) des Ökosystems „Buchenwald". Die Prinzipien eines ökosystemaren Schutzansatzes wurden bereits 1998 auf einer Vertragsstaatenkonferenz zur Biodiversitätskonvention als weltweit empfohlener Handlungsrahmen zur Sicherung der biologischen Vielfalt verabschiedet.

Der Tag der Entscheidung kam am 25. Juni 2011 in Paris. Die deutsche Delegation fuhr mit durchaus „gemischten Gefühlen" dorthin, doch der deutsche Antrag wurde angenommen und 15 Buchenwaldgebiete wurden Bestandteil des europäischen Welterbe-Clusters (siehe Tabelle S. 14).

Totholzreicher Altbuchenbestand (Foto: Wolfgang Ewert).

Im Nationalpark Kellerwald-Edersee sind gut ein Drittel der Buchenbestände älter als 160 Jahre (Foto: Ralf Kubosch).

Auf dem Weg zum gesamteuropäischen Welterbe

Die Aufnahme der Buchenwälder in die Welterbeliste hat die UNESCO mit der Aufforderung verknüpft, den Prozess der Erhaltung der wertvollsten Buchenwälder auf gesamteuropäischer Ebene weiterzuführen und das bestehende Cluster bis 2017 noch um weitere Gebiete zu ergänzen bzw. zu komplettieren. Dazu haben in der Zwischenzeit bereits mehrere Regierungstreffen und Expertenworkshops stattgefunden. 58 Experten aus 20 Ländern waren in diesen Prozess eingebunden. Als Ergebnis wurden 2014 in einem „Final Project Report" insgesamt 46 potenziell für eine Erweiterungsnominierung geeignete Buchenwaldgebiete vorgeschlagen. Nach weiteren Abstimmungsprozessen sind schließlich für den Erweiterungsantrag offiziell 63 Gebiete mit einer Gesamtfläche von ca. 58.000 ha in zehn Ländern identifiziert worden (Übersicht im Anhang, S. 158). Im Jahr 2015 wurden diese Gebiete in die jeweiligen nationalen Vorschlagslisten verbindlich aufgenommen. Ende Januar 2016 hatten die Botschafter aller an der Nominierung beteiligten Staaten den Erweiterungsantrag in Paris unterzeichnet, der schließlich

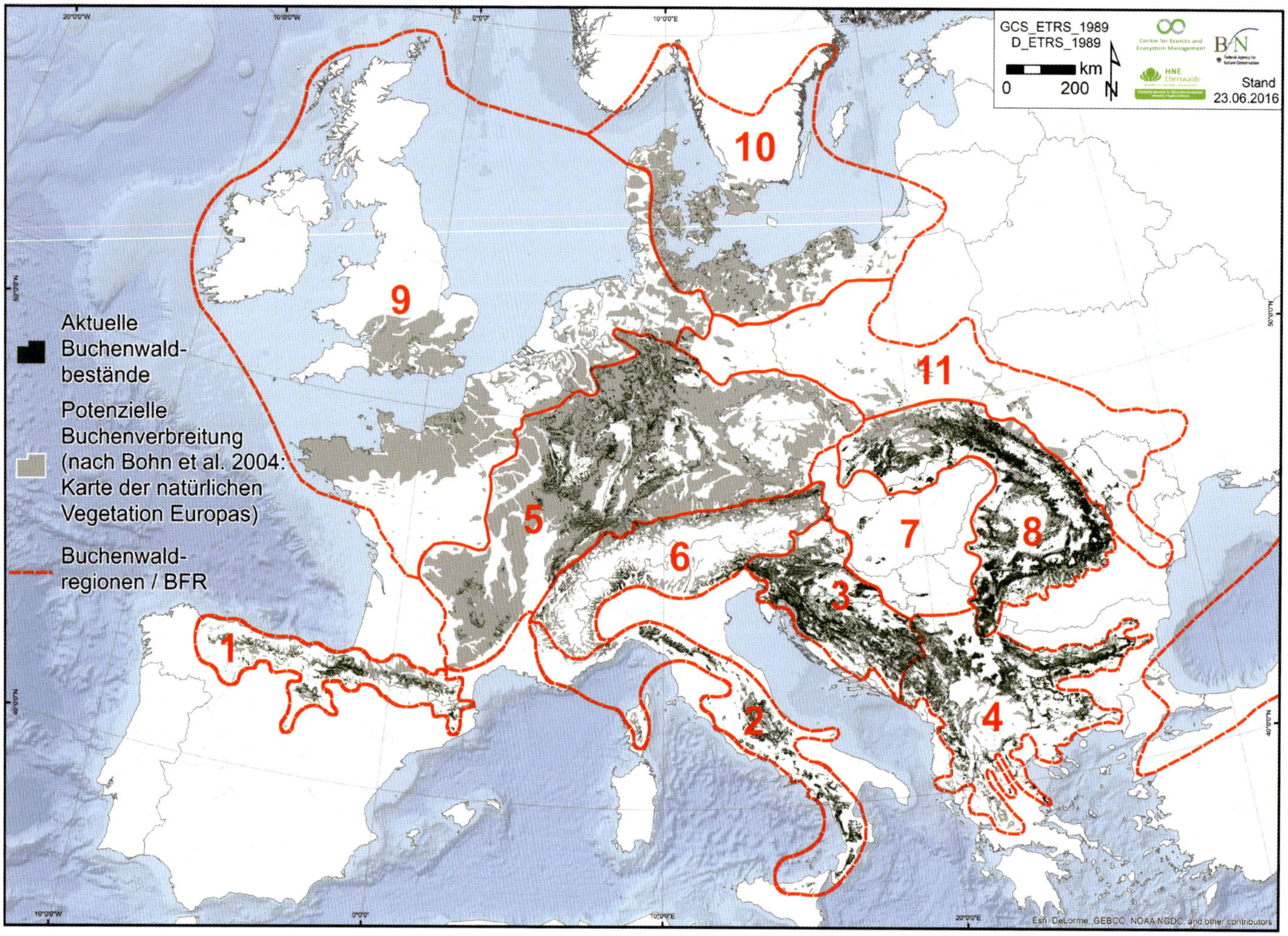

Potenzielle (grau) und aktuelle (grün) Buchenwaldverteilung in Europa. Rot umrandete Gebiete mit roten Nummern: Buchenwaldregionen Europas gemäß Tabelle 2 in Natur und Landschaft – 92. Jahrgang (1027) – Heft 3 (Ibisch et al. 2017, Erweiterungsnominierung zu den ‚Buchenurwäldern der Karpaten und Alten Buchenwäldern Deutschlands' als paneuropäische UNESCO-Weltnaturerbestätte).

1 = pyrenäisch-iberische, 2 = zentral-mediterrane, 3 = moesisch-balkanische, 4 = illyrische, 5 = subatlantisch-hercynische, 6 = alpine, 7 = pannonische, 8 = karpatische, 9 = atlantische, 10 = baltische, 11 = polonisch-podolisch-moldawische (Quelle: Centre for Econics and Ecosystem Management, HNE Eberswalde, BfN, Bohn et al. 2004).

zum 1. Februar 2016 fristgerecht an die UNESCO weitergeleitet wurde. Im Juli 2017 hat das UNESCO-Welterbekomitee alle Erweiterungsgebiete schließlich in die Liste der Welterbestätten aufgenommen.
Der universelle, außergewöhnliche Wert der Vielfalt europäischer Buchenwälder lässt sich nur in einem transnationalen Cluster vollständig abbilden, das alle wesentlichen Arealteile mit den jeweiligen Besonderheiten (die zusammen das „Welterbe" ausmachen) repräsentativ erfasst. Aus fachlicher Sicht sind vor allem drei bzw. vier biogeographische Buchenwaldregionen in ihrer Bedeutung als Cluster-Baustein besonders hervorzuheben (diese Regionen beherbergen zudem mehr als 85 % der Buchenbestände Europas):

- Die **karpatische Region** mit den größten rezenten Anteilen von Buchenprimärwäldern in Europa (hauptsächlich in den Ländern Slowakei, Ukraine, Rumänien).
- Die **mitteleuropäische Region** (subatlantisch-herzynische und baltische Region) mit ihrer großen standörtlichen Breite von Buchenwäldern und ihren Schwerpunktvorkommen von „bodensauren", submontanen Buchenwäldern sowie den einzigen noch vorhandenen Tiefland-Buchenwäldern innerhalb des europäischen Gesamtareals.
- Die **illyrisch-mösisch-balkanische Region** als ehemals bedeutender glazialer Refugialraum sowie Diversitätszentrum der europäischen Buchenwaldflora im Übergang zu den vorderasiatischen Buchenvorkommen („mösisches Element"). Illyrische und balkanische Buchenwälder weisen im Vergleich mit den phylogenetisch „jungen" Buchenwäldern Mitteleuropas eine längere Habitattradition auf. Im südöstlichen Balkan stellen die „Westeuxinischen Orientbuchenwälder" eine für die Entwicklungsgeschichte der Buchenwälder bedeutende Reliktgesellschaft dar.

Ergänzend dazu sollte die atlantisch-westeuropäische sowie südeuropäische (zentral-mediterrane und pyrenäisch-iberische) Buchenwaldregion mit ihren ehemals glazialen Refugialgebieten in den Pyrenäen und in Süditalien in das Cluster einbezogen werden.
Bei der Bewertung der Einzelgebiete spielten Merkmale wie z. B. Gebietsgröße, Naturnähegrad („Unversehrtheit") und Schutzstatus als Auswahlkriterien eine gewichtige Rolle. Der spezifische „Mehrwert" für die Eintragung der Ergänzungsgebiete im Rahmen eines gesamteuropäischen Weltnaturerbe-Clusters sollte sich aus deren Bedeutung für den noch im Gang befindlichen Entstehungs- und Entwicklungsprozess der europäischen Buchenwälder ableiten.

Welterbe: Verpflichtung – Chance – Herausforderung

Die Einschreibung des kompletten Spektrums der europäischen Buchenwaldgebiete in die UNESCO-Welterbeliste, an der jetzt insgesamt zwölf Staaten beteiligt sind, eröffnet neue zukunftsweisende Dimensionen der multilateralen Zusammenarbeit. Erstmalig besteht die Chance, den herausragenden Naturwert eines Ökosystems, dessen Entwicklungsgeschichte fast einen ganzen Kontinent geprägt hat, als umfassendes paneuropäisches „Welterbe" zu etablieren und dessen Schutz somit in den Verantwortungsbereich der gesamten Menschheit zu übertragen. Eine solche „kontinentale" serielle Nominierung ist zudem ein beispielgebendes Modell für die Praxis zukünftiger Welterbe-Anerkennungen vor dem Hintergrund der aktuellen globalen Entwicklung, die eine intensivere Zusammenarbeit auf internationaler Ebene geradezu herausfordert.
Diese Zusammenarbeit ist auch dringend notwendig, denn der wirtschaftliche Druck auf unsere europäischen Wälder nimmt weiter dramatisch zu. Die ungezügelte Nachfrage nach Holzbiomasse bringt auch die Buchenwälder immer

Nebelstimmung im Buchenwald (Foto: Manfred Delpho).

Seite 22: Der Buchen- oder Beringte Schleimrübling wächst parasitisch auf Ästen und Stämmen der Rotbuche (Foto: Manfred Delpho).

Auszüge aus der Resolution „Vilm resolution of the Beech Forest Network of Europe"

„... In solchen Regionen, die das Zentrum von großen und intakten europäischen Rotbuchenwäldern repräsentieren ... und die große und besonders bedeutende Wildnisflächen umfassen, gibt die Intensität und Art der Waldausbeutung Grund zur ernsthaften Sorge. Es gibt Berichte über erhebliche, illegale Abholzungsaktivitäten in verschiedenen Ländern wie dem Kosovo, Rumänien und der Ukraine, bei denen auch international operierende Unternehmen aus Westeuropa beteiligt sind. Besonders in Rumänien befindet sich der Verlust der alten Wälder in einer kritischen Phase. Wir bitten unsere Regierungen und die Europäische Kommission, diese Vorwürfe zu untersuchen.

Auch drängen wir die Regierungen dazu, einen Raubbau zu vermeiden und ungeeignete forstwirtschaftliche Maßnahmen wie Kahlschlag, großflächige Schirmschlagverfahren und Niederwaldnutzung zu verbieten und unterstützen unabhängige Monitoring-Programme zum Einfluss der Forstwirtschaft auf die Ökosystem-Funktion der Wälder, unter Einbeziehung von alten reifen Wäldern als Vergleichsmaßstab.

Die gegenwärtig geschützten Gebiete in Europa erhalten den verbliebenen Bestand von alten reifen Buchenwäldern nur unzureichend und fokussieren zu sehr auf ein paar wenige ikonenhafte, gut bekannte Areale. Die Wirksamkeit der geschützten Gebiete, die alte reife Buchenwälder beherbergen, muss in Europa verbessert und standardisiert sowie auch durch einen unabhängigen, regelmäßigen Überwachungsprozess kontrolliert werden.

Wir fordern ein Abholzungsmoratorium in europäischen, alten reifen Rotbuchenwäldern, insbesondere in geschützten Gebieten und im Staatseigentum. Alte reife Wälder müssen kategorisch von der Bereitstellung von Biomasse ausgeschlossen werden, z. B. im Zusammenhang mit der erneuerbaren Energieproduktion ..."

Quelle: http://www.centreforeconics.org

stärker in Bedrängnis, was 30 Experten und Interessenvertreter aus zwölf europäischen Ländern im November 2015 veranlasste, eine Resolution zu verabschieden, um auf das Problem aufmerksam zu machen. Unter der Überschrift „Vilm resolution of the Beech Forest Network of Europe" prangerten die Wissenschaftler vor allem den ungehemmt fortschreitenden Holzraubbau in Südosteuropa an.

Zurzeit wird insbesondere in Rumänien massiv in die naturnahen Waldbestände des Landes eingegriffen. Dabei bleiben auch Schutzgebiete nicht verschont. Nach Angaben der Umweltorganisation Greenpeace werden dort seit 2001 Waldflächen in der Größenordnung von durchschnittlich 72 ha pro Tag ökologisch degradiert oder ganz vernichtet.

In Deutschland liegt das Arealzentrum der in ihrer Verbreitung nur auf Europa beschränkten Rotbuche. Somit trägt unser Land eine besonders herausgehobene, globale Verantwortung für den Erhalt der Buchenwälder. 62 unterschiedliche standörtliche und geographische Ausprägungen dieses Waldtyps spiegeln das breite ökologische Spektrum der Baumart Rotbuche wider.

Tatsächlich sind aber nur noch Reste vom ursprünglich vermuteten Areal vorhanden – insgesamt ca. 17.000 km^2, das sind 7 % von dem ca. 243.000 km^2 großen Ursprungsareal. In den letzten zwei Jahrtausenden sind die meisten

In Rumänien (Fagaras-Gebirge) werden die letzten großflächigen Buchenurwälder von illegalen Holzeinschlägen sowie Bodenzerstörungen heimgesucht (links und rechts oben; Fotos: Cristian Grecu/Greenpeace).

Auch in deutschen Buchenwäldern finden in den letzten Jahren zunehmend massive Einschläge im Altholz statt, die selbst vor Schutzgebieten nicht Halt machen, wie die Beispiele aus Nordhessen (links Mitte; Foto: Norbert Panek), Nordrhein-Westfalen (rechts Mitte; Foto: Norbert Panek) und Brandenburg zeigen (rechts unten; Foto: Wolfgang Ewert).

Der prekäre Zustand der Buchenwälder in Deutschland

Die Daten aus der Bundeswaldinventur sind alarmierend, der Zustand der deutschen Buchenwälder ist aus Naturschutzsicht prekär. Die Sicherung der biologischen Vielfalt reifer Buchenwälder ist akut gefährdet und Deutschland wird seiner weltweiten Verantwortung für den Schutz dieses Waldökosystems bislang nicht ausreichend gerecht.

Alte Buchenwälder sind in Deutschland Mangelware

Auf weniger als einem Zehntel der deutschen Buchenwaldfläche wachsen über 160-jährige Buchen (bezogen auf die gesamte deutsche Waldfläche sind es sogar nur 1,3 %).

Buchenwälder bestehen hauptsächlich aus dünnen Bäumen

Gemessen an der im Rahmen der Bundeswaldinventur hochgerechneten Gesamtstammzahl aller Buchen (823 Mio.), beträgt der Anteil der wirklich dicken Buchen (über 70 cm Stammdurchmesser) lediglich 0,7 %, der Anteil der über 90 cm dicken „Methusalem"-Buchen sogar nur 0,1 %.

Anteil der Stammzahlen nach Brusthöhendurchmesser der Baumartengruppe Buche [%]

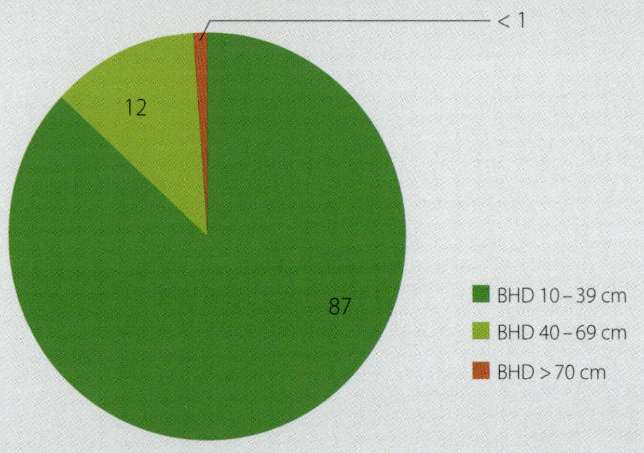

Das Kreisdiagramm veranschaulicht den nur sehr geringen Anteil von wirklich dicken Buchenstämmen im deutschen Wirtschaftswald (Datenquelle: Bundeswaldinventur 2012).

Deutsche Buchenwälder leiden unter Totholzmangel

Vom gesamten Totholzvorrat (224 Mio. m^3), der im Zuge der Bundeswaldinventur erfasst wurde, liegt der Anteil in den Buchen- bzw. Laubbaumbeständen (ohne Eiche) bei lediglich 28 %, der Vorratsanteil ökologisch wertvoller, starker Totholzstämme (Durchmesser > 60 cm) nur bei 4 %. Rund 70 % des Totholzaufkommens in den Buchen- bzw. Laubwäldern (ohne Eiche) bestehen aus abgestorbenen Ästen und dünnen Stämmen mit Durchmessern unter 40 cm.

Buchenwälder sind in Deutschland kaum wirksam geschützt

Nur knapp 530 km^2 (das entspricht etwa der Stadtfläche von Bremen) – also nur 3 % des deutschen Buchenwaldbestands und nur 0,5 % der Gesamtwaldfläche Deutschlands – unterliegen einer völlig nutzungsfreien, natürlichen Entwicklung. Schutzkonzepte für Buchenwälder sind in Deutschland, insbesondere im Zuge der Umsetzung der Fauna-Flora-Habitat-(FFH-)Richtlinie, weitgehend gescheitert.

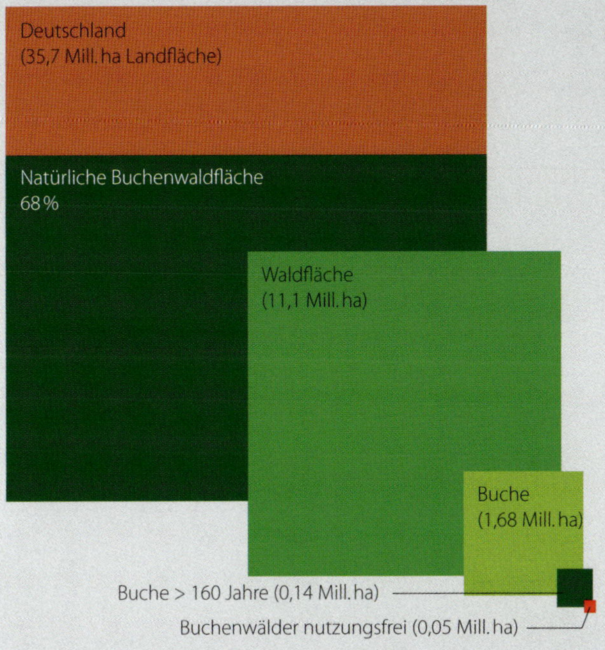

Alte und nutzungsfreie Buchenwälder im Verhältnis zur gesamten Landfläche sowie zur Gesamtwaldfläche Deutschlands (Quelle: Panek 2016).

Etikettenschwindel im Waldnaturschutz

Die Ursachen für den alarmierenden Waldzustand sind in der vergangenen Landnutzungsgeschichte, aber auch in der durch den Brennholzboom angefachten, immer intensiver werdenden Nutzung der Wälder zu suchen. Buchenwälder werden zumeist im naturschutzwidrigen Schirmschlagverfahren bewirtschaftet, bei dem der Altbaumbestand im Verlauf der sogenannten „Verjüngungsphase" fast komplett entfernt wird und Arten, die an alt- und totholzreiche Wälder gebunden sind, systematisch verdrängt werden. Diese rigorose Form der Bewirtschaftung macht selbst vor Schutzgebieten nicht Halt.

In den meisten EU-rechtlich geschützten Natura-2000-Gebieten wird die intensive Nutzung der Buchenwälder sogar als „naturgemäß" und damit von offizieller Seite als „mit den Schutzzielen vereinbar" betrachtet. Doch die ökologische Wirkung der massiven, forstwirtschaftlichen Eingriffe ist mittlerweile kaum zu übersehen.

Die Politik ist aufgefordert, den Etikettenschwindel im Waldnaturschutz zu beenden. Für den Schutz unseres angestammten Waldökosystems, den Buchenwald, müssten einheitlich abgestimmte, länderübergreifende Verbundkonzepte entwickelt werden – mit naturschutzfachlich angemessenen Anteilen nutzungsfreier Waldflächen. Auch die Rolle der öffentlichen Wälder ist unbedingt zu überdenken und neu zu definieren. Solche Ökosystemleistungen bilden letztlich die Basis unserer Existenz.

Ursprüngliche Laubwaldgebiete wie im Hochsauerland wurden in den letzten 130 Jahren durch großflächigen Fichtenanbau massiv verändert (Foto: Norbert Panek).

Die heutige Waldfläche Deutschlands würde von Natur aus zu etwa 75 % vornehmlich mit Buchen bestockt sein. Auf mehr als der Hälfte dieser potenziellen Buchenwaldfläche wachsen heute standortfremde Nadelholzbestände (Foto: Norbert Panek).

Wälder durch Rodungen, Viehbeweidung und Holzraubbau verschwunden. Den Rest besorgten findige Förster in den letzten zwei Jahrhunderten durch die Umwandlung der noch übrig gebliebenen Buchenwälder in monotone Nadelholzplantagen. Heute stehen auf etwa 50 % der noch vorhandenen Waldfläche Deutschlands Fichten und Kiefern, wo von Natur aus Buchen wachsen müssten. Selbst die wenigen Waldflächen, auf denen die Baumartenzusammensetzung noch dem Naturvorbild entspricht, sind in ihrer Struktur und in ihrer Artenausstattung massiv verändert worden. Daten der aktuellen Bundeswaldinventur zeigen: Unsere Wälder, speziell Buchenwälder, sind intensiv genutzte Wirtschaftswälder und somit aus Naturschutzsicht oft viel zu jung und zu unreif hinsichtlich ihres Entwicklungszustandes, vor allem aber viel zu struktur- und totholzarm.

Seite 29: Sonnenstrahlen brechen durch das geschlossene Kronendach eines Buchenwalds (Foto: Ralf Kubosch).

Der Kellerwald – Erdgeschichtliches

Der Kellerwald ist ein bis 675 m hohes und rund 500 km^2 großes Mittelgebirge in Nordhessen. Nahezu der gesamte Naturraum ist als Naturpark geschützt. Geologisch betrachtet, ist der Kellerwald ein weit in die „Hessische Senke“ hineinragender Ausläufer des Rheinischen Schiefergebirges. Er gleicht in seiner Ausformung einer steinernen Bastion, die sich deutlich sichtbar von ihrer Umgebung abhebt. Wie eine „Insel“ ragt der Gebirgszug aus den zum Teil wesentlich jüngeren Gesteinsformationen der niederhessischen Grabensenke heraus. Der Kellerwald verfügt über eines der größten unzerschnittenen Buchenwaldgebiete Deutschlands. Die nördliche Grenze des Naturraumes bildet der Eder-Stausee – ein beliebtes, überregional bekanntes Ferienziel.

Blick auf den Edersee, im Hintergrund die Waldberge des Nationalparks (Foto: Wolfgang Ewert).

Tonschiefer und Grauwacke – Gesteine im Nationalpark

Die Gesteine des Kellerwaldgebirges sind fast durchweg aus ehemaligen Meeresablagerungen entstanden. In diesen Ablagerungen wurden u. a. gut erhaltene Panzerfisch-Skelette entdeckt, namentlich in einem Steinbruch bei Bad Wildungen-Braunau. Dieser zählte vor dem 2. Weltkrieg zu den weltweit bedeutendsten Wirbeltier-Fundstellen aus dem Devon (417 bis 358 Mio. Jahre vor heute). Im heutigen Nationalpark findet man hauptsächlich mächtige Abfolgen von feinkörnigen Tonschiefern und grobkörnigen Grauwacken aus dem Unterkarbon (350 Mio. Jahre vor heute). Im mittleren Teil des Naturraumes (südlich des Nationalparks) stehen ältere Gesteine des Devons, nämlich Vulkanite (Diabase) und Kieselschiefer, an. Die ältesten Gesteine, etwa 420 Mio. Jahre alte Graptolithen-Schiefer aus dem Obersilur, findet man im südlichen („Hohen“) Kellerwald. Sie alle sind Zeugnisse von den – im wahrsten Sinne – „bewegenden“, erdgeschichtlichen Ereignissen, die das Gebirge formten.

Vor rund 350 Mio. Jahren lag die Stelle, an der sich heute der „Kellerwald“ befindet, in einem Meeresbecken, das die Kontinente Laurussia („Old Red“) und Gondwana voneinander trennte. Gegen Ende des Karbons kollidierten die beiden Kontinentalplatten und die im Ozean abgelagerten Sedimentschichten wurden zusammengepresst, gefaltet und teilweise, vor allem im südlichen Kellerwald, stapelförmig übereinandergeschoben. Das weltumspannende „Variszische Gebirge“ (mit dem heutigen Rheinischen Schiefergebirge und dem „Kellerwald“) entstand.

Der sich über jüngere Gesteinsformationen erhebende Gebirgszug des „Kellerwaldes", von Nordwesten betrachtet (Foto: Norbert Panek).

Die ursprünglich bis 6.000 m hohe Variszische Gebirgskette schweißte Laurussia und Gondwana zum Superkontinent „Pangäa" zusammen und am Ende des Karbons waren alle heutigen Kontinente weitgehend in einer einzigen, gigantischen Landmasse vereint. Relativ „schnell" wurde das Gebirge durch Verwitterungsprozesse wieder abgetragen. Die heute zutage tretenden Gesteinsschichten zeigen auch im Kellerwald nur noch den „Rumpf" des ehemaligen Hochgebirges.

Noch weit vor der endgültigen Gebirgsbildung wurden große Mengen Abtragungsschutt eines nahen, festländischen Liefergebiets aus südöstlicher Richtung in das bereits erwähnte, vorgelagerte Meeresbecken transportiert. Der südliche Rand dieses Beckens mit steil abfallenden Schelfhängen lag im heutigen Gebiet des nördlichen Kellerwaldes, also im Bereich des Nationalparks. Die zum Teil geröllartigen Sedimente wurden über Flusssysteme in das Meer transportiert sowie an der oberen, in den Meerestrog abfallenden Schelfkante abgelagert. Zeitweilig rutschten gewaltige Schuttmassen als „Sedimentwolken" (Trübeströme) fächer- bzw. zungenförmig mit hoher Geschwindigkeit den Schelfhang hinunter in die tieferen Bereiche des Meeresbeckens. Ein Zentrum dieser Rutschungszonen mit den mächtigsten Ansammlungen von Konglomeraten liegt im heutigen Raum Frankenau und im gesamten Edersee-Gebiet (inklusive Nationalpark).

Durch die Turbulenzen, die bei den Rutschungen entstanden, wurden die Bestandteile des Schuttstromes durchein-

Grauwacken mit unterschiedlicher Körnung zählen zu den typischen Gesteinen im Nationalpark Kellerwald-Edersee (Foto: Norbert Panek).

Ehemals marine, tonige Schlammablagerungen wurden über Jahrmillionen zu Tonschiefern verfestigt (Foto: Norbert Panek).

andergewirbelt. Kam der Strom zum Stillstand, sanken die Bestandteile auf den Meeresboden – je nach Schwere und Größe zuerst die gröberen (Konglomerate), dann die feineren Klastika (Grauwacken) und schließlich die ganz feinen Schluff- und Tonanteile (Tonschiefer). Das auf diese Weise entstandene Sediment weist eine „gradierte Schichtung" auf und wird fachmännisch als „Turbidit" bezeichnet. Die Abfolge von grobkörnigem Material (Konglomerat) an der Basis über Grauwacken bis zu feinkörnigen Ablagerungen (Tonschiefer) im höheren Teil der Sedimentschichten ist teilweise sehr gut in einem Steinbruch bei Frebershausen an der südlichen Grenze des Nationalparks sowie an den Böschungen der Edersee-Randstraße zu sehen (siehe Fachtafel Fossile Schleifmarken S. 34).

Die „Gradierung" erklärt die auftretenden Wechsel von Grauwacken- und Tonschieferlagen im gesamten Nationalparkgebiet, die durch mehrere, nacheinander folgende „Sedimentwolken" verursacht wurden. Konglomeratreiche Gesteinsschichten sind nordwestlich von Frebershausen an der Quernstkirchenruine und im „Pfaffenwald" (Nationalpark) zu finden. Wunderschön aufgeschlossen sind diese Konglomerate auch an den „Wichtelsteinen" im Lorfetal, einer markanten Felsgruppe nordwestlich von Frankenau (außerhalb des Nationalparks), und an der Edersee-Randstraße in einem stillgelegten Steinbruch unterhalb Schloss Waldeck.

Neben den sandigen Partikeln unterschiedlichster Korngrößen transportierten die untermeerischen Schuttströme

Fossile Schleifmarken

In einem kleinen Steinbruch nördlich von Bad Wildungen-Frebershausen und direkt an der Nationalparkgrenze sind auf der Unterseite einer Grauwackenbank zahlreiche merkwürdige Marken erkennbar. Die Grauwackenschicht stammt aus dem Unterkarbon (358 bis 320 Mill. Jahre vor heute). Auf der überkippten Schichtfläche hatte der ehemalige Landesgeologe Jens Kulick in den 1960er Jahren über 900 Schleifmarken entdeckt. Hier konnte zum ersten Mal ihre Entstehung gedeutet werden.

Bei den rinnenartigen Marken handelt es sich um Spuren, die durch am Meeresboden treibende Pflanzenteile erzeugt wurden. Die liegende Schicht, in der diese Spuren eingetieft sind, besteht aus Tonschiefern, die nach Bildung der Driftspuren durch sandige Ablagerungen überdeckt wurden. Am Ende der Schleifmarken liegen rundlich-ovale Ballen aus einem Gemisch aus flachgepressten Pflanzenresten, eingebettet im Sedimentgestein (Grauwacken). In den Ballen wurden bis zu 18 cm lange Pflanzenstängel gefunden, darunter Calamitenreste sowie ein Stück von einem Schuppenbaum (*Lepidodendron* spec.). Schuppenbäume zählen zu den baumförmigen Bärlappgewächsen und wurden bis zu 40 m hoch.

Die heute lebenden, weit entfernten Nachkommen dieser urtümlichen Bärlapp-„Bäume“, nämlich Exemplare des kaum 30 cm hohen Sprossenden Bärlapps (*Lycopodium annotium*), findet man an einem versteckten Standort im „Talgang“ westlich des Frebershäuser Steinbruchs. Am Steinbruch befindet sich eine Erläuterungstafel des „Nationalen GeoParks GrenzWelten“. Das nahegelegene „Hofcafé am Nationalpark“ an der Gellershäuser Straße ist idealer Ausgangspunkt für Wanderungen.

Geheimnisvolle Streifen im Gestein: Fossil erhaltene Schleifmarken von Pflanzenteilen, die vor 340 Millionen Jahren durch starke Strömungen über den Grund eines Ozeans bewegt wurden (oben; Foto: Ralf Kubosch).

Fossiler Abdruck von *Archaeocalamites*, ein typisches Schachtelhalmgewächs aus dem Karbon (unten; Foto: Norbert Panek).

Blick auf den ehemaligen Forststeinbruch bei Frebershausen, in dem fossile Schleifmarken entdeckt wurden (Foto: Ralf Kubosch).

auch Pflanzenreste, die aus dem landnahen Küstenbereich bis weit in das Meeresbecken verfrachtet wurden. Ganz sicher stammen die Pflanzenteile von einem Festlandgebiet, das im Zuge der Kollision von Laurussia und Gondwana teils durch tektonische Kräfte, teils durch vulkanische Aktivitäten entstanden ist. Die am Rand des Nationalparks im bereits erwähnten Frebershäuser Steinbruch gefundenen Pflanzenreste gehören zu den baumartigen Schachtelhalmen (Calamiten) sowie Bärlappgewächsen (Lepidophyten), deren Vorläufer bereits im Mitteldevon lebten (siehe Fachtafel). Es handelt sich dabei hauptsächlich um „Schuppenbäume" (*Lepidodendron*) und „Siegelbäume" (*Sigillaria*). Diese urtümlichen Gewächse sind wichtige Bestandteile der riesigen Steinkohlelager, die sich aus abgestorbenen Pflanzenresten während des Karbons in einer Senke am nördlichen Rand des „Variszischen Gebirges" (im heutigen Ruhrgebiet) bildeten. Infolge eines dramatischen Klimawandels starben die Calamiten und Lepidophyten im Unterperm weltweit aus.

Ähnlich wie im benachbarten „Hochsauerland" spielte der Eisen- und Buntmetallbergbau im Kellerwald eine beachtliche wirtschaftliche Rolle. Die Entstehung der Eisenerze hängt eng mit dem mittel- bis oberdevonischen, untermeerischen Vulkanismus zusammen, der zur Bildung der Roteisensteinlager im südlichen Kellerwald und bei Frebershausen führte. Im Gegensatz dazu handelt es sich bei den Kupfervererzungen im Raum Bergfreiheit bei Bad Wildungen um „postvariszische" Erzlager, die in Gesteinsklüften durch heiße, wässrige Metalllösungen entstanden sind. Sie wurden zeitgleich mit den Blei-Gangvererzungen am

Roter Eisenkiesel oder „Kellerwald-Achat" (Foto: Norbert Panek).

Die Muschel Posidonia – ein Leitfossil in unterkarbonischen Tonschiefern (Foto: Norbert Panek).

„Bleiberg" und am „Himbeerkopf" bei Altenlotheim (Nationalpark) gebildet, wo bis etwa 1750 nach Erz gesucht wurde. Letzte erfolglose Versuche, den dortigen Bergbau wieder zu beleben, gab es sogar noch in den Jahren 1939 und 1952. Heute erinnert im Nationalpark nur noch ein (nicht mehr zugänglicher) Stolleneingang am „Bleiberg" an die Zeit des Bergbaus. Auch die Ortsbezeichnung „Eisenlöcher" deutet darauf hin, dass an verschiedenen Stellen im heutigen Nationalparkgebiet nach den begehrten Metallerzen gegraben wurde.

Eine petrologische Besonderheit des Kellerwaldes ist der Rote Eisenkiesel, im Volksmund auch „Kellerwald-Achat" genannt – ein hartes, je nach Eisengehalt rot bis weißgrau gefärbtes Quarzgestein, aus dem in früheren Zeiten dekorative Platten und Säulen hergestellt wurden. In einer Edelsteinschleiferei in Bad Wildungen-Bergfreiheit wird der Eisenkiesel noch heute zu Schmuckstein verarbeitet. In den Dörfern rings um den Nationalpark wurde das harte Gestein vielfach beim Bau von Stützmauern verwendet.

Als östlicher Ausläufer des Rheinischen Schiefergebirges wurden die Gesteine des Kellerwaldes im Verlauf der „Variszischen Orogenese" nicht nur intensiv gefaltet, sondern zudem in „tektonischen Schuppen" stockwerkartig so übereinander geschoben, dass mehrere hintereinander gereihte „Schuppen"-Stapel entstanden sind, die den überaus komplizierten Gebirgsaufbau erklären. Solche „Schuppen-Zonen" sind eindrucksvoll an der „Koppe" bei Bad Wildungen-Odershausen aufgeschlossen. Zusätzlich

Die Gebirgsfalte bezeugt die bewegte, erdgeschichtliche Vergangenheit des Kellerwaldes (Foto: Norbert Panek).

fand später eine Hebung des Kellerwald-Horstes statt, die an seinen „abbrechenden" Rändern zu staffelartigen Verwerfungen führte.

In diesen Zerrüttungszonen steigen kohlensäure- und mineralhaltige Grundwässer auf, die zahlreich als heilkräftige Quellschüttungen konzentriert in der Umgebung von Bad Wildungen und Bad Zwesten sowie am Rande des Nationalparks bei Kleinern zutage treten. Der Geschmack dieser Mineralwässer verrät, durch welche Gesteinsschichten sie geflossen sind. Starke Hebungen der Erdkruste führten insbesondere im Jungtertiär zu einer verstärkten Einschneidung der Fließgewässer in den gebirgigen Untergrund. Die Eder bildet zwischen den Ortschaften Herzhausen im Westen und Affoldern im Osten ein tief eingeschnittenes Kerbtal, in dem 1914 die Eder-Talsperre erbaut wurde. Auch im Nationalpark haben sich die Fließgewässer tief in das Grundgebirge eingefräst und auf diese Weise eine äußerst bewegte Berg-Tal-Landschaft geschaffen.

Im schmalen Kerbtal der Eder wurde 1914 der Edersee aufgestaut; Blick auf den Lindenberg und die Banfemündung rechts unten (Foto: Manfred Delpho).

Eines der letzten Kapitel in der Erdgeschichte schrieb das Eiszeitalter, das auch im Kellerwald seine Spuren hinterlassen hat. Ein Phänomen der letzten Kaltzeit, das wir an verschiedenen Stellen beobachten können, ist der Löss – ein gelbliches feines Sediment, das durch starke Winde ausgeblasen und bevorzugt an Berghänge und Talflanken verweht wurde. Auch die Flussterrassen im Edergebiet sind eiszeitalterlichen Ursprungs. In den Kaltzeitphasen lagerten die Fließgewässer große Geröllmassen ab; als die Wassermengen in den wärmeren Phasen durch Auftauvorgänge beträchtlich zunahmen, schnitten sich die Flüsse stärker in den Untergrund ein und ließen die alte Talsohle als „Terrasse" zurück. Die älteste Hochterrasse der Eder liegt gut 100 m über dem heutigen Talniveau bei Edertal-Mehlen am Ostrand des Nationalparks.

Einblick in die damalige, eiszeitliche Lebewelt gab eine ehemalige Ziegeleigrube am „Biedensteg" bei Bad Wildungen. Dort wurden 1932 reiche Wirbeltierfaunen aus der

Für den Naturraum charakteristisch – Blockhalden als Relikte der letzten Eiszeit (Foto: Manfred Delpho).

Felsenmeer im Nationalpark Kellerwald-Edersee (Foto: Manfred Delpho).

Weichsel-Kaltzeit, vor allem Eulengewölle mit umfangreichen Kleinsäugerresten entdeckt und ausgegraben; die Exponate sind im Bad Wildunger Stadtmuseum ausgestellt. Bemerkenswert ist auch die erst in jüngeren Studien näher untersuchte Megafauna vom „Biedensteg", die sich u. a. hauptsächlich aus Wollnashörnern, Rentieren und Wildpferden sowie aus Fleischfressern wie z. B. Höhlenbär und Höhlenhyäne zusammensetzt.

Steinreich und nährstoffarm – die Böden

Die Ausgangsgesteine der Böden im Kellerwald sind im Nationalparkbereich vor allem paläozoische Tonschiefer und Grauwacken. Aus ihnen entwickelten sich geringmächtige, stellenweise „skelettreiche" (also stark mit größeren Steinbrocken durchsetzte), mäßig wasserhaltende Braunerden mit einer mittleren bis geringen Basensättigung. Auf einen etwas einfacheren Nenner gebracht, sind diese Böden also überwiegend flachgründig, sauer und nährstoffarm. Das war letztlich ein Grund, weshalb das Gebiet über Jahrhunderte hinweg nur sehr eingeschränkt landwirtschaftlich genutzt wurde, sodass der Wald das Landschaftsbild bis zum heutigen Tage beherrscht. Nur

Blockhalden – Spuren der Urlandschaft

Blick auf die nahezu vegetationsfreie Blockhalde am „Daudenberg" im Nationalpark Kellerwald-Edersee (Foto: Norbert Panek).

Blockhalden stellen Lebensräume dar, die seit der letzten Kaltzeit (die vor rund 10.000 Jahren endete) fast unverändert geblieben sind. Im Nationalpark Kellerwald-Edersee nehmen diese in der Regel vegetationsfreien, felsgeprägten Sonderbiotope eine Gesamtfläche von rund 10 ha ein. Auch wenn diese Fläche relativ klein erscheint, ist die Vielfalt der vorkommenden Felselemente ein Charakteristikum des Nationalparks.

Der Kellerwald lag während der letzten Kaltzeiten in einer vegetationsarmen Kältesteppe mit Permafrostböden (Dauerfrostboden). Die auffälligsten Zeugen dieser Zeit sind Blockschutthalden, die an den Talhängen der Fließgewässer, insbesondere an steileren Abhängen vor allem im Bereich der Eder und des Nationalparks sowie im „Hohen Keller" relativ häufig zu finden sind. Durch extreme, kurzfristige Schwankungen der Tagestemperaturen – tagsüber lagen sie häufig im Plusbereich – wurden Felskuppen durch Frostverwitterung auseinandergesprengt; der abgesprengte Schutt sammelte sich am Fuß der Felsen. In Hangmulden konnten sich auf diese Weise bis mehrere Meter mächtige Halden auftürmen. Die Größe der einzelnen Schuttblöcke hängt von der Klüftung des Felsgesteins ab. Feine Klüfte erzeugen auch kleinere Bruchstücke, die sich mit dem Boden vermischen. Beim täglichen Auftauen der obersten Bodenschicht durch die wärmende Sonneneinstrahlung glitt das Schuttsubstrat langsam hangwärts. Dieser Vorgang wird als „Solifluktion" (Bodenfließen) bezeichnet.

Blockhalden weisen ein besonderes Mikroklima auf, das durch die zirkulierenden Luftbewegungen im Hohlraumsystem der Halde erzeugt wird. Im Sommer tritt am Fuß der Halde in der Regel stark abgekühlte Luft aus. Bei Messungen im Rahmen einer Bachelorarbeit an Blockhalden im Nationalpark lagen die Temperaturen unter 15 °C bei Umgebungstemperaturen über dem Haldenkörper von ca. 24 – 34 °C. Der Bereich der permanent kühlen Luftströmung ist bevorzugter Lebensraum von kälteliebenden, nordisch-alpinen Arten, vor allem auch von sogenannten Eiszeitreliktarten, welche die jetzige Warmzeit aufgrund der mikroklimatischen Bedingungen in den Blockhalden bis in die Gegenwart hinein überdauern konnten. Dazu gehört die extrem seltene Krustenflechte *Protoparmelia artriseda*, die im Nationalpark Kellerwald-Edersee von dem Gießener Flechtenkundler Dietmar Teuber nachgewiesen werden konnte. Schwerpunktvorkommen flechtenreicher Blockhalden liegen innerhalb des Nationalparks u. a. am „Bloßenberg", am „Hagenstein" und am „Daudenberg".

Blockhalde am Talhang des Elsebaches bei Schmittlotheim (Foto: Ralf Kubosch).

stellenweise sind auf den mit Lösslehm oder lösshaltigem Schutt bedeckten Hangpartien nährstoffreichere Braunerden ausgebildet. Auf felsigen und geröllreichen Standorten entstehen extrem flachgründige Roh- oder Schuttböden, die stark austrocknen können. Auf den schmalen Talgründen sind vergleyte (grundwasserbeeinflusste) Auenböden verbreitet.

Der Kellerwald – Kulturgeschichtliches

Die frühe Besiedlung des Kellerwaldes

Die frühesten menschlichen Hinterlassenschaften im Kellerwald stammen aus dem Eiszeitalter. Wie mag die mitteleuropäische Landschaft damals ausgesehen haben? Nach heutigen Vorstellungen war sie kalt, grau, unwirtlich und ganz ohne Waldvegetation. Zwischen den großen Gletschermassen im Norden (Norddeutschland) und im Süden (Alpenraum) lagen unterschiedliche Zonen aus Kältesteppen mit Gras- und spärlichem Gehölzbewuchs, Zwergsträuchern sowie lichten Birkenhainen. Manche dieser Pflanzen haben an bestimmten Standorten in unserer heutigen Mittelgebirgslandschaft als „Eiszeitrelikte" bis in die Gegenwart überdauert.

Trotz der klimatischen Widrigkeiten konnten in dieser Steppe auch Menschen überleben. Eine Spezies hatte sich besonders gut angepasst – der Neandertaler *Homo neanderthalensis*. Seine Spuren hat er am Rand des Kellerwaldes in der Gemarkung des heutigen Edertaler Dorfes Buhlen hinterlassen. Die Stelle direkt an der Bundesstraße 485 am nördlichen Ortsausgang von Buhlen, wo Spuren in Form von Tierknochen und Steinwerkzeugen bereits in den 1960er Jahren entdeckt und erforscht wurden, zählt zu den bedeutendsten archäologischen Fundstätten der Altsteinzeit in Mitteleuropa. Form und Herstellungsweise der Werkzeuge, die hauptsächlich aus Kieselschiefer gefertigt wurden, lassen auf ein Alter von 50.000 bis 100.000 Jahren schließen. Die Häufung von Steingeräten, Schlagabfällen und Resten von Tierknochen deuten darauf hin, dass der Platz von Neandertaler-Gruppen ab und zu als „Jagdstation" genutzt wurde, wo die Beute zerlegt und verarbeitet wurde. Darüber hinaus fand man verbrannten Knochenschutt und ringförmig angeordnete Steinblöcke, die auf eine feste zeltartige Behausung hinweisen. Aus Mangel an

Der altsteinzeitliche Fundplatz beim Dorf Edertal-Buhlen (oben). Steinwerkzeuge, aus hartem Kieselschiefer gefertigt (unten; Fotos: Norbert Panek).

Seite 42: Ein geschichtsträchtiger Ort – Reste einer Höhenkirche aus frühchristlicher Zeit und die neu errichtete Kapelle am „Quernst" im Nationalpark Kellerwald-Edersee (Foto: Manfred Delpho).

Reste eines bronzezeitlichen Hügelgrabs (Foto: Manfred Delpho).

Bonifatius-Denkmal in Fritzlar (Foto: Norbert Panek).

geeignetem Brennholz wurden hauptsächlich Knochen als Heizmaterial verwendet. Der Lagerplatz der Neandertaler in Buhlen dürfte der erste menschliche Siedlungsplatz in der Kellerwaldregion gewesen sein.

Die ältesten menschlichen Spuren im Gebiet des heutigen Nationalparks sind zwei vermutlich bronzezeitliche Hügelgräber zwischen den beiden Bergkuppen „Bettelkopf" und „Hardt". Ein weiterer, kaum mehr sichtbarer Grabhügel befindet sich am Rand des Nationalparks in der Nähe des Wanderparkplatzes „Himmelsbreite" bei Harbshausen. Bei Grabungen gegen Ende des 19. Jahrhunderts wurden eine Doppelradnadel sowie ein verzierter Röhrenknochen gefunden. Unklar ist, wo die Menschen, die die Grabhügel vor rund 3.500 Jahren anlegten, gewohnt haben. Möglicherweise lagen ihre Gehöfte im nahen Edertal. Mit der Anlage der Gräber waren sicherlich die ersten kleineren Urwaldrodungen verbunden. Darüber hinaus wurden am „Dicken Kopf" westlich von Kleinern 27 geheimnisvolle Steinhügel entdeckt. Ob es sich dabei um Gräber handelt, ist ungewiss.

Weitere deutlich sichtbare Spuren fallen in die Zeit des Frankenkönigs Karl der Große und der Feldzüge gegen die Sachsen. Damals wurden die meisten Dörfer im Umfeld des Nationalparks gegründet. Am „Backofen", hoch über dem Edertal zwischen Kirchlotheim und Schmittlotheim, sind noch Reste einer fränkischen Festungsanlage erhalten, die

Die Geschichte von der Magd und dem abgeschlagenen Zopf

Diese Geschichte wird in mehreren Varianten nur in dem Dorf Altenlotheim erzählt, das etwa 1,5 km von der Quernst entfernt liegt.
In dem Dorf lebte einst eine Magd, die beim Wolle spinnen immer wieder damit prahlte, sie wäre so mutig, dass sie es sogar zu nächtlicher Stunde wagen würde, allein zu der einsam gelegenen, alten Ruine der Quernst-Kirche zu gehen. Jeder wusste, dass es dort auf dem Friedhof „nicht geheuer" sei und in der verlassenen Ruine oft Räuber und anderes Gesindel hausten. In dem Gemäuer sollte aber noch eine alte Bibel liegen, die der letzte Pfarrer dort vergessen hatte. Die anderen Spinnfrauen glaubten den Prahlereien der Magd nicht und so boten sie ihr eine Wette an: Die Magd solle um Mitternacht in die Quernst-Kirche gehen und als Beweis die alte Bibel mitbringen. Tatsächlich nahm sie eines Tages all ihren Mut zusammen und machte sich auf den Weg, um die Bibel aus der verfallenen Quernstkirche zu holen. Furchtlos stieg sie durch den dunklen Wald zur Quernst hinauf und über den Friedhof, wo die Grabsteine vom fahlen Mondlicht gespensterhaft angestrahlt wurden. Vorsichtig schlich sie sich in den Altarraum – wo die alte verstaubte Bibel tatsächlich noch lag. Schnell griff die Magd danach und sprang hastig durch den Kircheneingang. Dabei schlug die mächtige, hölzerne Tür mit einem lauten Knall zu und weckte einen der Räuber, die hier ihr Unwesen trieben. Dieser zog seinen Säbel und mit langen Schritten verfolgte er die Magd, die vor Schreck erstarrte. Der Räuber schlug zu, erwischte aber nur ihren Zopf, den er als Beute mitnahm.
Nach einer anderen Erzählung verfolgte der Räuber die Magd bis ins Dorf und hatte ihren „Zopp abgehauen", bevor sie Zuflucht im ersten Haus fand.

Nach Aufzeichnungen aus der Altenlotheimer Dorfchronik

vermutlich bald nach ihrer Errichtung im 8. Jahrhundert wüst fiel.
Mit den ersten Dorfgründungen kamen unter fränkischer Herrschaft auch iroschottische Mönche und Prediger ins Land, die als Missionare den christlichen Glauben verbreiteten. Doch Großteile der unterworfenen, sächsischen Bevölkerung hielten beharrlich an ihren germanischen Gottheiten fest. Karl der Große erließ ein Gesetz zur Zwangschristianisierung, worin festgelegt wurde: Wer heidnische Gelübde darbringe, müsse Strafe zahlen; wer sich weigere, zur Taufe zu gehen, solle sterben! Zuvor hatte der Missionar Bonifatius bereits seine Spuren in der Region hinterlassen. Die Fällung der „Donar-Eiche" im Jahr 723, die keine 10 km vom heutigen Nationalparkgebiet entfernt bei Fritzlar stattgefunden haben soll, gilt als symbolträchtiger „Startschuss" der christlichen Missionierung im heidnischen Germanien, wo bis dahin ein Vielgötterglaube vorherrschte und die Kräfte und Elemente der Natur als sichtbare Erscheinungen der Götter gedeutet und verehrt wurden. Mit dem christlichen Glauben verschwand die Ehrfurcht vor der Natur und der Mensch folgte dem Diktum, sich die Erde „untertan" zu machen.
Aus dem Holz der „Donar-Eiche" ließ Bonifatius angeblich ein – dem Heiligen Petrus – geweihtes Bethaus direkt an der Stelle erbauen, wo sich heute der Dom in Fritzlar befindet. Ebenfalls aus frühchristlicher Zeit dürfte der Bau einer Kirche am „Quernst" mitten im heutigen National-

Reste der alten Friedhofsmauer an der Quernstkapelle (Foto: Norbert Panek).

Klosterkirche in Haina (Foto: Gerhard Kalden).

park stammen. Sie wurde vermutlich auf einer heidnischen Kultstätte errichtet. Jahrhundertelang war sie Pilgerstätte und Jahrmarktsort, Gottesdienste wurden dort bis 1528 abgehalten. Danach verfiel das Kirchengemäuer und es entstanden einige Räuber- und Gruselgeschichten um diesen verlassenen Ort. Übrig geblieben sind Erdhügel, die den Grundriss der Kirche erahnen lassen, und Reste der Friedhofsmauer. Im Jahr 2006 wurde oberhalb des ursprünglichen Kirchenstandorts ein Kapellenneubau errichtet, heute ein beliebtes Wanderziel im Nationalpark.

Größeren Einfluss auf die kulturlandschaftliche Entwicklung im Kellerwald dürfte das Kloster in Haina ab dem frühen 13. Jahrhundert gehabt haben. Bereits um 1140 kamen Benediktinermönche in den Kellerwald und gründeten südlich von Frankenau, nahe der Ortschaft Löhlbach ein Kloster, welches allerdings schon um 1150 dem Zisterzienserorden übertragen wurde. Mönche aus dem Rheinland versuchten dann vergeblich das Kloster aufzubauen. Erst 1188 gelang die Gründung als Tochterkloster der Zisterzienserabtei Altenberg (Bergisches Land). Im Jahr 1215 wurde das Kloster an einen klimatisch günstigeren Standort nach Haina verlegt, nachdem der Konvent sämtliche Ländereien des Dorfes erworben hatte und die Grafen von Reichenbach als Stifter auf alle Nutzungsrechte verzichteten. Das im Spätmittelalter noch nahezu unerschlossene, einsame Waldgebirge entsprach in perfekter Weise den Idealen der Zisterzienser. Sie betrachteten den Wald als eine Art „Schutzwall" gegen jede weltliche Verlockung.

Der „Köhlerwald" – Nutzungsspuren im Buchenmeer

Aufgrund der Bedeutung der Köhlerei gab es bisher die gängige Vermutung, dass der erstmalig im 15. Jahrhundert urkundlich erwähnte Name „Kellerwald" möglicherweise von „Köhlerwald" oder auch „Kahler Wald" abzuleiten ist. Nach neueren Nachforschungen von Gitta und Ewald Langer (Förderverein Nationalpark Kellerwald-Edersee) könnte sich der Name des Naturraumes, der durch eine Vielzahl von Quellen charakterisiert ist, auch aus dem althochdeutschen Wort „quella" oder unter keltischem Einfluss aus der Bezeichnung „kell" für „Siedlung im Wald" entwickelt haben. Der Bereich des heutigen Nationalparks wird naturräumlich als „Große Hardt", abgeleitet von „hard" = Wald, und im Volksmund auch als die „Ederhöhen" oder „Ederberge" bezeichnet.

Die Kontinuität der Einflüsse und ehemaligen Nutzungen im heutigen Nationalpark wurde über lange Zeiträume durch seine Grenzlage sowie wechselnde politische Verhältnisse mitbestimmt. Früh lag das Gebiet im sowohl fränkischen als auch sächsischen Einflussbereich. Der „Banfegrund" im Nationalpark bildete eine jahrhundertelang überlieferte Grenzlinie („Scheid"). Einige erhaltene Grenzsteine, zum Beispiel der „Dreiherrenstein" bei Frankenau, markieren den ehemaligen Grenzverlauf. Der östliche Teil der heutigen Nationalparkkulisse fiel in den Machtbereich der Waldecker Grafen, der westliche unter den Einfluss der Herrschaft Itter. Spuren der Landnahme aus dieser Zeit sind noch heute im Waldbild ablesbar. Die historische Entwicklung in diesem westlichen, auch als „Hochgewälde" bezeichneten Gebietsteil, insbesondere die vielfältigen Auswirkungen der historischen Waldnutzung hat der Schmittlotheimer Heimatforscher Walter Zarges ausführlich beschrieben.

Die ersten und zugleich letzten Siedlungsversuche an mehreren Stellen des „Hochgewäldes" (Westteil des Parkgebiets) wurden vom nahegelegenen Zisterzienserkloster Haina eingeleitet, aber spätestens im 15. Jahrhundert erfolglos wieder abgebrochen. Sichtbare Hinterlassenschaften dieser kurzen Siedlungsepisode sind die sogenannten „Driescher" (ehemalige Weideflächen), alte Ackerterrassen sowie die noch überlieferten Flurnamen der wüst gefallenen Dörfer (Alendorp, Banefe, Eschebruch, Gossirshausen, Wellenhausen, Eselbach, Dennighausen). Auch ein Forstort „Baustätte" weist auf Siedlungstätigkeiten hin. Im Kern handelt es sich dabei um ehemalige Rodungsflächen, die nach dem Wüst- und Brachfallen noch als „Außenfelder" der umliegenden Ortschaften weiterhin genutzt wurden.

Der Buchen-Altholzbestand am „Ruhlauber" blickt auf eine über 200-jährige Forstgeschichte zurück (Foto: Klaus Bogon).

Ein Gedenkstein erinnert an den preußischen Oberlandforstmeister Otto von Hagen 1817–1880 (Foto: Norbert Panek).

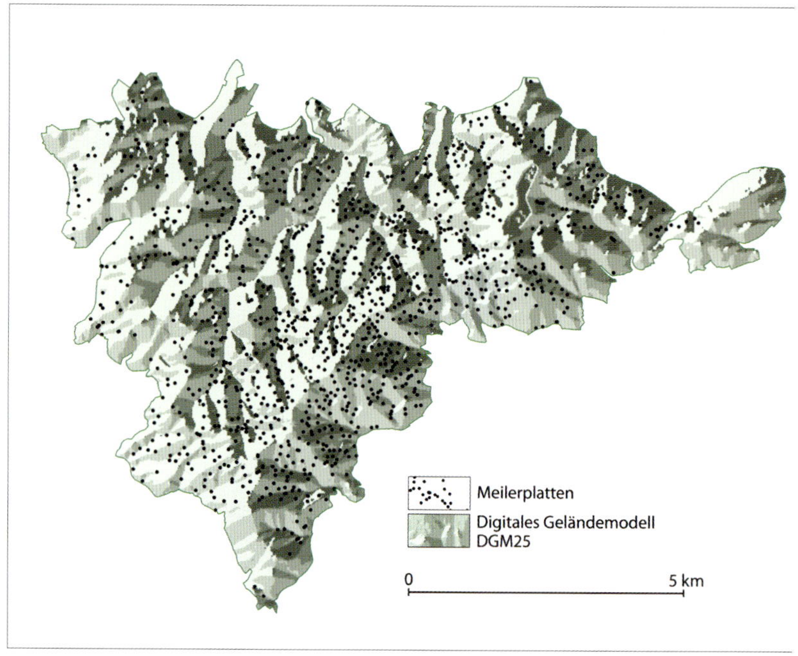

Verteilung der historischen Kohlenmeilerplätze im Nationalpark Kellerwald-Edersee (Kartenquelle: Nordwestdeutsche Forstliche Versuchsanstalt/ Schmidt et al. 2015/2016).

Ab dem frühen 19. Jahrhundert wurden Teilbereiche dieser Flächen im späteren „hessischen" Teil des Gebiets um Frankenau mit Fichten aufgeforstet. In diesen Zeitabschnitt dürfte auch der Beginn einer strenger geregelten Forstwirtschaft fallen. Als 1866 der ehemals zur Herrschaft Itter und später zu Hessen-Darmstadt gehörende Westteil des heutigen Parks an Preußen angegliedert wurde, wurden die Waldflächen neu vermessen, in Distrikte eingeteilt und der Forstwegebau vorangetrieben. Nach Abschluss dieser Arbeiten besuchte der damalige Leiter der preußischen Staatsforstverwaltung, Otto von Hagen, am 27. April 1873 das Waldgebiet. Zu Ehren des „hohen" Besuchs wurde auf einer Bergkuppe über dem Edertal südöstlich von Kirchlotheim ein Gedenkstein gesetzt. Fortan hieß der beliebte Ausflugsort „Hagenstein".

Trotz der mit preußischem Eifer vorangetriebenen Nutzung der Wälder blieben kleine Flächen an exponierter Stelle unberührt, wie zum Beispiel an den zum Edertal abfallenden Steilhängen. Noch heute ist an zahlreich erkennbaren Spuren abzulesen, dass die Holzkohlegewinnung im Waldgebiet eine bedeutende Rolle spielte. Nach aktuellen Untersuchungen der Nordwestdeutschen Forstlichen Versuchsanstalt in Göttingen wurden im Nationalpark mit Hilfe von Laserscandaten erstaunlicherweise über 1.300 Kohlenmeilerplätze lokalisiert.

Im gesamten Kellerwald war Buchenkohlholz stark ge-

Die Köhlerei – ein vergessenes Handwerk

Die Köhlerei war im Kellerwald weit verbreitet, denn Holzkohle war lange Zeit das einzige verfügbare Heizmittel, um die für die Metall- und Glasschmelze erforderlichen Temperaturen zu erzeugen. Sie wurde zuerst in Gruben, später in oberirdischen Kohlenmeilern hergestellt. Diese Meiler bestanden aus meterlangen, nicht zu dicken Buchenhölzern, die sorgfältig um einen sogenannten „Quandel" geschichtet wurden, ein aus vier Stämmen errichteter Schacht, in dem der Meiler entzündet wurde. Zuvor wurde das gestapelte Holz mit einer dicken Schicht Erde, Gras und Moos abgedeckt.

Die Kunst bestand nun darin, die Temperatur im Meiler durch dosierte Luftzufuhr so zu regeln, dass die Holzscheite einerseits nicht (ver)brannten, andererseits die für die Verkohlung notwendige Hitze erhalten blieb. Dazu musste der Meiler während des bis zu 20 Tage dauernden Prozesses ständig beobachtet werden. An der bläulichen Farbe der aus dem Meiler heraustretenden Rauchschwaden erkannte der Köhler, dass die Verkohlung abgeschlossen war. Nach dem „Auskühlen" des Meilers wurde das verkohlte Holz mit Wasser abgelöscht und zum Abtransport vorsortiert. Im Nationalpark kann an dem Weg zwischen dem Parkplatz „Euler" (beim Feriendorf Frankenau) und der Quernstkapelle sowie am „Tannendriesch" das Modell eines Kohlenmeilers besichtigt werden.

Tief schwarz gefärbte Erde verrät die Existenz einer alten Köhlerplatte (oben). Kratzt man an der Erdoberfläche, kommen kleine Holzkohlenreste zum Vorschein (unten; Fotos: Norbert Panek).

Stollenmundloch am „Bleiberg" im Nationalpark Kellerwald-Edersee (Foto: Manfred Delpho).

Vorbecken in der Nähe des ehemaligen Fischhauses am Banfebach (Foto: Manfred Delpho).

fragt, vor allem zum Schmelzen der abgebauten Metallerze im Umfeld. Unmittelbar nördlich des Nationalparks wurden bei Thalitter noch bis 1868 Kupfererze abgebaut und verhüttet. Eine bedeutende Eisenhütte lag bei Berich im alten Edertal (heute Edersee). Aber auch innerhalb des Nationalparks gab es am „Bleiberg" vermutlich schon im 14. Jahrhundert bergbauliche Aktivitäten. Hüttenwerke befanden sich zudem im Wesetal. Sie alle benötigten viel Kohlholz, das teilweise mühsam herangeschafft werden musste.

Im östlichen Teil des heutigen Nationalparks, der lange Zeit unter dem Einfluss des Fürstentums Waldeck lag, gewann spätestens seit dem 18. Jahrhundert die Jagd verstärkt größere Bedeutung. Andere Nutzungsansprüche traten dabei in den Hintergrund bzw. wurden stark reglementiert. Der Vorrang der Jagdausübung ist in einer fürstlichen Anweisung überliefert, in der angeordnet wurde, dass „das Hüten, Fahren, Holzholen zur Zeit der Hirschprunst" zu verbieten sei, um den störungsfreien Jagdbetrieb sicherzustellen. Noch im Jahr 1905 wurden 17 Bürger aus Frebershausen in einem „Himbeerprozess" angeklagt, weil sie im Wildgatter verbotenerweise Beeren gesammelt hatten. Die zunehmenden jagdlichen Aktivitäten waren stets mit einer starken Hege des Wildes verbunden. Nach einschlägigen Schätzungen lag die Populationsdichte beim Rotwild im Gebiet zeitweise bei wenigstens 13 Tieren pro 100 ha (zum Vergleich: heutige Rotwilddichten liegen bundesweit im Schnitt bei unter 2,5 Tieren pro 100 ha). Dies führte zur

Herausbildung von großflächigen Altbuchenkomplexen bei gleichzeitig durch Wildverbiss stark reduzierter Naturverjüngung, die bis in die Gegenwart hinein das Waldbild beherrschten.

Vom Hofjagdrevier zum Waldschutzgebiet

Die überhandnehmenden Schäden durch überhöhte Schalenwildbestände in den angrenzenden, landwirtschaftlich genutzten Gemarkungen vor allem im Waldecker Teil veranlassten die fürstliche Landesherrschaft um das Jahr 1896 zum Bau eines bis heute noch in kleinen Resten erhalten gebliebenen Gatterzaunes, der in den 1930er Jahren erweitert wurde und dann eine Waldfläche von knapp 5.000 ha umschloss. In diese Periode fallen die ersten erfolgreichen Versuche, Dam- und Muffelwild anzusiedeln, sogar Überlegungen zur Ausweisung eines „Reichsnaturschutzgebiets" kamen auf. In einer ersten, von Walter Schoenichen herausgegebenen Beschreibung der Naturschutzgebiete des Deutschen Reichs wird das heutige Nationalparkgebiet bereits 1935 als eines von zehn Großschutzgebieten unter der Bezeichnung „Wildschongebiet Affoldern in Hessen-Nassau" erwähnt.
Aus der Zeit des Fürstentums (vor 1918) stammen noch einige Jagdeinrichtungen, wie z. B. die Bathildishütte, benannt nach der Gattin des letzten Waldecker Fürsten Friedrich (1865–1946). Das ursprüngliche, im Jahr 1894 errichtete Jagdhaus war komfortabel ausgestattet mit Küche, Speise- sowie Schlafzimmer für Jagdgäste und

Im Zentrum des Nationalparks liegt die Bathildishütte, ein Überbleibsel aus der Zeit der fürstlichen Hofjagden im Kellerwald (oben). Das Fischhaus „Banfe" im gleichnamigen Bachtal nahe der Mündung in den Edersee (unten; Fotos: Norbert Panek).

sogar einer Telefonanlage. Ein Brunnen sorgte für Frischwasser. Ein weiterer Bau, die Friedrichshütte, entstand 1899 in der Nähe des heutigen Pumpspeicherbeckens. Am „Christianseck" bei Bringhausen gab es bereits 1632 ein Jagdschloss.

Aus den 1920er Jahren stammt das von der Preußischen Wasser- und Schifffahrtsverwaltung als Dienstsitz für einen Fischereiaufseher erbaute Fischhaus an der Banfe. Oberhalb des noch heute existierenden, der Banfemündung vorgeschalteten Vorbeckens, das als „Sandfang" dient, wurden Fischteiche angelegt, um darin Jungfische für den Besatz im Edersee zu züchten. Da es Probleme mit der Wasserführung im Banfebach gab, wurde der Fischzuchtbetrieb bereits gegen Ende der 1930er Jahre wieder eingestellt. Die Teiche fielen brach und wurden später einplaniert. Aus der Zeit des Wildgatters stammen auch einige Kastanienanpflanzungen.

Nach dem Zweiten Weltkrieg blieb die vorrangige jagdliche Bedeutung des Gebiets durch die rechtlich verankerte Umwandlung in ein sogenanntes „Wildschutzgebiet" gesichert. Eine gezielte Erhöhung der Wildbestandsdichten sowie der weitere Ausbau der Jagdinfrastruktur waren die Folge. Zudem wurde das Gebiet für den öffentlichen Besucherverkehr sogar zeitweilig gesperrt mit einem generellen Betretungsverbot von Mai bis Ende September von 21 Uhr bis 7 Uhr morgens. Die offizielle Begründung lautete, durch die Nähe des von zahlreichen Touristen besuchten Edersees sei ein zusätzlicher Schutz des Rotwildgebiets „unerlässlich", weil die „Störungen des Jagdbetriebs" im Gatter Formen angenommen hätten, die „die Erhaltung des Wildbestands auf das Ernsthafteste" gefährden würden.

1986 begannen, angestoßen vom BUND Landesverband Hessen, die ersten Diskussionen um einen möglichen Nationalpark. 1990 wurde das „Wildschutzgebiet" daraufhin in einer erweiterten Landschaftsschutzverordnung mit vier integrierten Naturschutzgebieten zum sogenannten

Zahlreiche gegatterte Wiesenflächen im ehemaligen „Wildschutzgebiet Edersee" dienten früher als Futtergewinnungsflächen für die Wildhege (Foto: Manfred Delpho).

Seite 52: Kastanienallee am „Tannendriesch" (oben; Foto: Norbert Panek). Ein Restbestand des nicht autochthonen Muffelwilds lebt noch im Nationalpark (Mitte). Revierkampf im „Rotwildbezirk" (unten; Fotos: Manfred Delpho).

„Waldschutzgebiet Edersee" erklärt, die Jagdfunktion blieb jedoch weiterhin unangetastet.
Nach der Meldung als zukünftiges Natura-2000-Gebiet wurde 1998 eine ca. 1.600 ha große „Prozessschutzzone" ausgewiesen und der Laubholzeinschlag generell stark reduziert. Die letzten größeren Holzeinschläge in Buchenbeständen fanden im Winterhalbjahr 1999/2000 statt. Seitdem wurde im Gebiet nur noch Nadelholz geschlagen.

Die Entstehungsgeschichte des Nationalparks

Alles begann im Juli des Jahres 1986. In das damalige Sommerloch platzte eine Zeitungsmeldung: Ein großes Waldgebiet südlich des Edersees sollte nach Vorschlägen des BUND Landesverbands Hessen und nach dem Willen der damaligen rot-grünen Landesregierung „Nationalpark" werden. Weitere mögliche Standorte waren das „Hessische Rothaargebirge" und der „Reinhardswald". Es folgte ein zähes Ringen um eine knapp 6.000 ha große Waldfläche, die aus den „Fängen" der jagd- und forstwirtschaftlichen Nutzung befreit werden sollte. Fast 18 Jahre dauerte die Kontroverse an, die, wie schon erwähnt, mit einer in der Region Aufsehen erregenden Schlagzeile begonnen hatte.
Der ehemalige Außenstellenleiter des Bundesamtes für Naturschutz auf der Insel Vilm (bei Rügen), Prof. Dr. Hans Dieter Knapp, hatte vor Jahren die Entstehungsgeschichte des ersten deutschen Nationalparks „Bayerischer Wald" analysiert und die Phasen seiner Entstehung beschrieben. Nach seiner Ansicht nahm dessen Vorgeschichte das vorweg, was sich bei nachfolgenden Nationalparkgründungen fast überall in Deutschland nach gleichem oder ähnlichem Muster wiederholte. Im Falle des „Bayerischen Waldes" verging von der ersten, vagen Idee (1928) bis zur Verwirklichung (1969) fast ein halbes Jahrhundert. Im Vergleich dazu wurde der Nationalpark „Kellerwald" in einer „Rekordzeit" von „nur" 17 Jahren verwirklicht.
Wie in Bayern waren die Phasen der Nationalparkdiskussion auch in Hessen durch viele Rückschläge und „politische Wechselbäder" (besonders nach Landtagswahlen) gekennzeichnet. Während ehrenamtliche Initiativen eine aktive, dominante Rolle innehatten, verhielten sich Politik und Verwaltung über lange Zeiträume hinweg eher zurückhaltend interessiert. Insgesamt lässt sich die Entstehungsgeschichte des „Kellerwald"-Nationalparks in vier Abschnitte gliedern.

Die Initialphase (1986 bis 1990)

Sie beginnt im Juli 1986 mit der Veröffentlichung der hessischen Nationalpark-Standortvorschläge durch den damaligen BUND Landesverband Hessen, erleidet aber nach dem Regierungswechsel (Ablösung der rot-grünen Mehrheit durch die „konservativen" Parteien CDU und FDP) im Frühjahr 1987 eine erste Depression. In diese Phase fällt die Umwidmung des „Wildschutzgebietes Edersee" in ein Wald-Landschaftsschutzgebiet (offiziell „Waldschutzgebiet" genannt) mit einer Verlagerung der Schwerpunkte hin zum Naturschutz und zur touristischen Nutzung. Parallel dazu bleibt die Nationalparkfrage weiterhin Diskussionsthema.

Die Konzeptfindungs- und -erarbeitungsphase (1990 bis 1992)

Die neu gegründete Bürgerinitiative „Pro Nationalpark Kellerwald" startet mit der Erarbeitung eines Nationalparkkonzeptes für den Raum Kellerwald-Edersee, das im Juli 1991 in der Lokalpresse und in überregionalen

Fachzeitschriften veröffentlicht wird. Das Konzept bildet über Jahre hinweg die Grundlage für nachfolgende Diskussionen.

Die Diskussions- und Konfrontationsphase (1992 bis 1997)

Im Februar 1992 organisiert sich die Initiative „Pro Nationalpark“ in einem Verein, der im Kellerwald – lange Zeit als einzige regionale Gruppierung – die „Interessen“ des vorgeschlagenen Nationalparks vertritt und vor Ort aktiv Lobbyarbeit leistet. Im Gegenzug formiert sich im Frühjahr 1994 ein Verein „Bürger gegen Nationalpark“. Gutachten externer Fachleute bestätigen die Eignung des „Waldschutzgebietes Edersee“ als Nationalparkstandort. Regionale Naturschutzverbände (NABU, HGON) fordern als Alternative zum Nationalpark die Einrichtung eines „Biosphärenreservates“. Im Frühjahr 1997 zeichnet sich nach den Kommunalwahlen im Kreistag von Waldeck-Frankenberg eine Mehrheit für den Nationalpark „Kellerwald“ ab. Das zuständige Ministerium stellt daraufhin im Mai 1997 einen Verordnungsentwurf vor.
Als die Auseinandersetzung eskaliert, werden die Bürger aktiv; Nationalparkgegner organisieren in drei Gemeinden (Vöhl, Frankenau, Edertal) „Bürgerbegehren“. In den anschließenden Bürgerentscheiden spricht sich im Oktober 1997 mit nur 5.600 Stimmen eine Mehrheit gegen den Nationalpark „Kellerwald“ aus. Nationalparkbefürwor-

Die Gründungsmitglieder des Vereins „Pro Nationalpark“ im Jahr 1992 (oben). Von links nach rechts: K. Wittern, H. Kaiser, N. Panek, A. Frede, U. Trachte, R. Angersbach, A. Bürgel † (Foto: Norbert Panek).

Demonstrationszug durch die Korbacher Altstadt im Dezember 1997 (unten; Foto: Jörg Kleine).

Reinhold Messner (Foto: Norbert Panek).

Ein prominenter Nationalparkfürsprecher besuchte den Kellerwald Ende Februar 2001. Der international bekannte Extrem-Bergsteiger Reinhold Messner versuchte sich auf Einladung der Partei Bündnis 90/Die Grünen an einer „Erstbesteigung“ des 465 m hohen Daudenbergs südlich von Bringhausen. Der eher schmächtig wirkende Messner gab sich vor laufender Fernsehkamera kämpferisch: „Ich bin überzeugt davon, dass es wirtschaftlich und auch ökologisch die einfachste Lösung ist, hier einen Nationalpark einzurichten. Die Wertschöpfung, die man durch die Natur erhält, ist größer als der Ertrag aus der Forstwirtschaft … Seien wir so vernünftig, holen wir die Politiker hier her, zeigen wir ihnen den Wald, machen wir ihnen, sei es von der Ökologie und auch von der Ökonomie her klar, was das in 100 oder 200 Jahren bedeuten könnte – und haben wir einen langen Atem!“

ter sammeln kreisweit innerhalb weniger Wochen über 12.000 Unterschriften für das Schutzprojekt. Der Kreistag lehnt den Nationalpark „zum gegenwärtigen Zeitpunkt“ jedoch ab.

Die Durchsetzungsphase (1998 bis 2004)

Trotz der ablehnenden Haltung des Landkreises hält der damals zuständige Ressortminister Gerhard Bökel (Minister des Inneren und für Landwirtschaft, Forsten und Naturschutz) am Nationalparkprojekt fest. Per Erlass wird im Frühjahr 1998 im „Waldschutzgebiet Edersee“ eine ca. 1.600 ha große, nutzungsfreie „Prozessschutz“-Zone ausgewiesen. Es folgt eine Zeit der „Reflexion und Konsensfindung“. Unter Federführung des Bad Wildunger Bürgermeisters Reinhard Grieneisen (CDU) werden Verhandlungen mit Vertretern der Nationalparkgegner eingeleitet. Ergebnis ist ein abgestimmter, konsensfähiger Nationalpark-Verordnungsentwurf. Die Landtagswahlen im Frühjahr 1999 und der damit erneut verbundene „Politik“-Wechsel machen den erzielten „Konsens“ jedoch wieder gegenstandslos, da der neue hessische Minister für Umwelt, Landwirtschaft und Forsten, Wilhelm Dietzel (CDU), erklärt, er werde den Nationalpark „zu den Akten“ legen. Im Winterhalbjahr 1999/2000 erfolgen tatsächlich wieder Holzeinschläge in den Altbuchenbeständen des „Waldschutzgebietes Edersee“. Die Diskussion fällt abrupt zurück in eine bis zum Jahr 2002 andauernde „Konfrontation“, in der erstmalig überregional renommierte Naturschutzorganisationen (Greenpeace, WWF) in Aktion treten und erreichen, dass die Laubholzeinschläge im Gebiet bis zu den Landtagswahlen 2003 per Ministererlass ausgesetzt bleiben.
Im Juni 2001 wird der knapp 41.000 ha große Naturpark „Kellerwald-Edersee“ offiziell eröffnet. Mit der Erstellung eines „Naturpark-Entwicklungsplanes“ rückt erneut die Na-

tionalparkfrage in den Vordergrund. Zugleich bietet sich die Möglichkeit, das „Waldschutzgebiet Edersee" in die Förderkulisse eines bundesweiten „Naturschutzprogrammes" einzubringen. Überraschend beschließt der Ältestenrat der Stadt Frankenau mehrheitlich ein „Ja zum Nationalpark".
Im Frühjahr 2003 vollzieht sich der entscheidende Umschwung. Die CDU gewinnt nach den Landtagswahlen im Februar die absolute Mehrheit. Die Parlamente der Kellerwaldgemeinden Bad Zwesten und Frankenau fordern kurz darauf mit großer Mehrheit die Ausweisung eines Nationalparks im Naturpark „Kellerwald-Edersee". Ihr Vorstoß veranlasst den Vorsitzenden des Naturpark-Zweckverbandes, Wildungens Bürgermeister Grieneisen, zu einem öffentlichen „Kurswechsel" mit der Zielrichtung „Naturpark plus Nationalpark". Daraufhin lässt Hessens Ministerpräsident Roland Koch (CDU) in seiner Regierungserklärung Ende März 2003 verlauten: „Wir werden den Naturpark Kellerwald zum Nutzen der Region und mit der Region zu einem Nationalpark weiterentwickeln." Der nachfolgende Zeitabschnitt leitet in die „Gründungsphase" des Nationalparks über, der schließlich am 1. Januar 2004 formell ausgewiesen wird.

Greenpeace startet im Frühjahr 2000 eine Protest- und Informationskampagne im Kellerwald (oben; Foto: Heiko Meyer/Greenpeace). Banner vor dem Hessischen Landtag in Wiesbaden (Mitte; Foto: Andreas Varnhorn/Greenpeace). Greenpeace-Kampaigner Martin Kaiser (links) im Gespräch mit dem damaligen, hessischen Umweltminister Wilhelm Dietzel von der CDU (unten; Foto: Heiko Meyer/Greenpeace).

Die Wälder des Nationalparks

Bemerkungen zur Naturgeschichte der Waldvegetation

Die eigentliche Geschichte unserer Wälder und speziell der Baumart Buche liegt weit zurück und beginnt mit dem ersten (sicher nachgewiesenen) Auftreten der Baumgattung *Fagus* schon im frühen Tertiär vor ca. 45 Millionen Jahren. Das Ursprungsgebiet der „Buchen-Familie" lag damals im ostasiatisch-nordpazifischen Raum. Von dort „wanderten" *Fagus*-Vertreter in der Folgezeit nach Nordamerika und über Vorderasien in Richtung Europa. Als älteste Buchenart Mitteleuropas gilt *Fagus castaneifolia*, die Kastanienblättrige Buche. Ihre fossilen Reste wurden in einem Braunkohletagebau bei Bockwitz-Borna (Sachsen) entdeckt. Als diese Buchen Europa erreichten, herrschten Mischwälder eines subtropisch-gemäßigten Klimas vor mit einer Baumartenvielfalt, wie sie heute für tropische Regenwälder typisch wäre. Relikte dieser Waldvegetation sind noch kleinflächig auf den Kanarischen Inseln zu finden.

Schon vor Beginn des Eiszeitalters hatte die Buche in Mitteleuropa einen herausragenden Anteil an den damaligen Wäldern, was fossile Reste aus einer Tongrube in Willershausen (Westharz) belegen. Diese bedeutende Fundstelle lieferte erstmalig ein relativ genaues Bild über die Tertiärwälder, bevor die über Mitteleuropa hinwegrollenden Kaltzeit-Intervalle einen vermutlich bis heute andauernden Selektions- und Verdrängungsprozess der „tertiären" Baumarten einleiteten. Diese klimatisch bedingte Auslese führte dazu, dass die Buche während der Kaltzeiten in Europa zunächst fast völlig verschwand und in randliche „Refugial"-Räume zurückgedrängt wurde. Wissenschaftler nehmen an, dass dieser Ausleseprozess zur Bildung der heutigen Art *Fagus sylvatica* mit einer „westlichen" (Rotbuche) sowie einer „östlichen" Unterart (Orient-Buche) führte. Pollenfunde zeigen, dass sich die Rückzugsgebiete der Buche während des Pleistozäns hauptsächlich im südlichen und südöstlichen Europa (Balkan) befanden. Der Ausbreitungskern der heutigen mitteleuropäischen Buchen lag in Slowenien und Nordkroatien. Vor rund 300.000 Jahren schafften sie den „Sprung" in unsere Breitengrade. Und erst in der letzten (heutigen) Warmzeitphase, die vor rund 10.000 Jahren begann, kam es zu einer Art „Massenausbreitung" der Buche in ganz Zentraleuropa.

Das Ende des Eiszeitalters leitete in Mitteleuropa einen dramatischen Landschaftswandel ein. Als sich die Gletscher, die in ihrer größten Ausdehnung bis an die nördlichen Ausläufer der deutschen Mittelgebirge heranreichten, aus Nord-Mitteleuropa zurückzogen, fassten die ersten Landpflanzen in den Schuttwüsten, die das Eis hinterlassen hatte, wieder Fuß. Die postglaziale Vegetationsentwicklung vollzog sich in einem recht komplizierten, sukzessionsbedingten Arealverschiebungsprozess, bei dem verschiedene Einflussfaktoren eine Rolle spielten. Wichtige „Einwanderungsstraßen" waren die Flusstäler. Das Auftreten der ersten Gehölze verlief, wie in den Warmzeiten zuvor, nach einem ähnlichen Schema: Zuerst kamen die Pionier- und Lichtbaumarten Birke und Kiefer, dann die Haselnuss. Schließlich eroberten Eichen, Linden, Hainbuchen und Ulmen sukzessive das Terrain – diese Eichenmischwald-Phase erreichte vor etwa 7.000 Jahren ihren Höhepunkt, damals lagen die durchschnittlichen Temperaturen um einige Grade höher als heute. An einem Steilhang nördlich des Edersees befindet sich ein urwüchsiger Traubeneichenbestand mit der treffenden Bezeichnung „Kahle Hardt", der als ein Überbleibsel dieser frühen nacheiszeitlichen Waldentwicklung gelten kann. Während der „Mittleren Wärmezeit" (Atlantikum, 5500 bis 2500 v. Chr.) war fast ganz Mitteleuropa von Eichenmischwäldern bedeckt. Nach dem Abklingen dieser Wärmeperiode wurden die Eichenbestände in den Mittelgebirgen (zusammen mit anderen Laubbaumarten)

In der Mittleren Wärmezeit (Atlantikum) herrschten vor rund 6.000 Jahren in Mitteleuropa edellaubholzreiche Eichenmischwälder vor (oben; Foto: Wolfgang Ewert). Die mit Häkchen besetzten Samenkapseln der Rotbuche (unten; Foto: Norbert Panek).

Der Siegeszug der Rotbuche

Moore sind die natürlichen Archive der Vegetationsgeschichte. Die in den Torfschichten abgelagerten und konservierten Gehölzpollen dokumentieren den zeitlichen Ablauf ihrer Verbreitung. Danach lassen sich erste Buchenvorkommen bereits vor gut 7.000 Jahren in Süddeutschland, im Alpenvorland und im „Bayerischen Wald" nachweisen. Neuere Untersuchungen des Geobotanikers Martin Speier aus dem Ederquellgebiet belegen, dass die zentralen Teile des Rheinischen Schiefergebirges in dieser frühen Einwanderungsphase ebenfalls schon von Rotbuchen erobert wurden und damit zu den ehemaligen, vermutlich ältesten Kernbereichen der zentraleuropäischen Buchenausbreitung gehören. Die ältesten Buchenpollen, die in Moorgebieten des oberen Edertals gefunden wurden, sind rund 6.000 Jahre alt und damit älter als vergleichbare Pollenfunde in der Eifel, im Harz und in der Rhön. In den Lössgebieten Mittel- und Norddeutschlands siedelten zu diesem Zeitpunkt die ersten neolithischen Ackerbauern. Knapp 2.000 Jahre später kam die Rotbuche in die bereits von Menschen beeinflusste Landschaft. Wie Pollenanalysen belegen, erreichte der Baum schließlich vor etwa 4.000 Jahren in Schleswig-Holstein die nördlichste Grenze seiner Ausbreitung in Deutschland. Um Christi Geburt hatte die Buche sogar den Weg über den Ärmelkanal nach Südengland geschafft.

Seit vielen Jahrhunderten begleitet die Rotbuche als Nutzbaum unsere mitteleuropäischen Kulturen. Das Wort „Buchstabe" deutet auf die ersten Schriftzeichen hin, die auf Holzstäbe geritzt wurden. Der Wortstamm „Buche" hat sich zudem in über 1.500 deutschen Ortsnamen verewigt. Auch in anderen Teilen Europas spielten Buchenwälder eine einzigartige, bisweilen prägende Rolle in der Natur- und Kulturgeschichte.

zunehmend von der Rotbuche abgelöst und schließlich auf letzte trockene Wärmeinseln zurückgedrängt.

In dieser klimabegünstigten Zeitperiode, im sogenannten „Neolithikum“ (Jungsteinzeit), griff der Mensch erstmalig in größerem Umfang in den natürlichen Ablauf der Vegetationsentwicklung ein. Er rodete kleinere Waldflächen, um Getreidefelder anzulegen. Schweres Eichenholz diente ihm für den Bau der ersten neolithischen Langhäuser. Eine neue Periode der Menschheitsentwicklung war angebrochen – der Jäger und Sammler wurde Ackerbauer und Viehzüchter. Gleichzeitig tauchten die ersten Buchen in den Wäldern auf, deren Massenausbreitung begann, nachdem sich die jungsteinzeitliche Bauernkultur in ganz Mitteleuropa etabliert hatte.

Ob Zufall oder durch den Menschen beeinflusst, Tatsache ist, dass die Einwanderung der Buche nach Mitteleuropa durch einen erneuten Klimawechsel – es wurde wieder kühler und feuchter – begünstigt wurde. Auf den Standorten der wärmeliebenden Eiche, die sich noch vor rund 7.000 Jahren bis in die Hochlagen der Mittelgebirge wagte, konnten sich zunehmend Buchen ansiedeln. Zudem verschaffte sich *Fagus* durch seine natürliche Konkurrenzkraft enorme Vorteile gegenüber den bereits „etablierten“ Gehölzarten. Die mit kleinen Haken „bewehrten“ Samenkapseln der Rotbuche wurden mitunter kilometerweit im Haarkleid felltragender Waldtiere transportiert. Auch samenfressende Vögel und Fließgewässer förderten die natürliche Verbreitung der Bucheckern.

Das einzige größere Moor im Kellerwald befindet sich am Südosthang des „Hohen Kellers“ etwa 13 km südlich des Nationalparks und 2 km östlich des 675 m hohen „Wüstegartens“, der höchsten Erhebung im Naturraum. Dort wurden 2006 pollenanalytische Untersuchungen im Rahmen einer Magisterarbeit durchgeführt. Die Ergebnisse zeigen, dass sich die Buche im „Hohen Keller“ vor etwa 3.175 Jahren stark ausgebreitet hat. Wann sie dort erst-

Eichen-Felswald am „Bloßenberg“ im Nationalpark Kellerwald-Edersee (Foto: Ralf Kubosch).

Pollenzone	Bohrprobentiefe [cm]	C 14-Datierung [Radiokarbonjahre]	Vegetationsentwicklung
I (Dryaszeit)	117–128	13.130 vh	Spätglazial (Älteste Dryaszeit); offene Tundrenlandschaft mit Birken und hohen Grasanteilen; hoher Anteil des Lorbeerweidentyps
Schichtlücke	–	–	Hangrutschung
VII (Atlantikum)	117–92	4.120 vh	Eichenmischwald dominierend, mit hohem Lindenanteil (17 %), geringer Buchen- und Hainbuchenanteil
VIII (Subboreal)	92–85	2.450 vh	fortschreitende Buchenausbreitung (Massenausbreitung), Lindenanteil stark rückläufig; Erlenanteil steigend (lokales Vorkommen von Erlenbruchwäldern); erstes Auftreten der Fichte; Tritt-/Ruderalpflanzenanteile deuten auf Waldweidenutzung
IX (Subatlantikum)	85–33	1.100 vh	weiterhin steiler Anstieg der Buchenkurve; Waldbestand mit schwankenden Anteilen von Eichen und Buchen (Holznutzung); erster Nachweis des „Getreidetyps“
X (Jüngeres Subatlantikum)	< 33	Gegenwart	menschlicher Einfluss nimmt deutlich zu; signifikanter Anstieg der Nadelholzanteile (Fichte, Kiefer), Anteile von Nichtbaumpollen (*Calluna*) deuten auf einen durch Rodung und Waldweide aufgelichteten Baumbestand hin; Auftreten der Kornblume (Ackerunkraut)

Angaben: nach Herzog 2006; vh = vor heute

malig in Erscheinung trat, ist leider nicht nachzuweisen, da die untersuchten Torfschichten durch eine Hangrutschung gestört wurden, sodass zwischen den Pollenzonen I und VII eine Zeitlücke von rund 6.000 Jahren entstanden ist (siehe Tabelle). Bemerkenswert ist das frühe Erscheinen der Schattenbaumart Hainbuche und der Nachweis von Fichtenpollen im Subboreal. Erste Getreidepollen treten vor etwa 2.130 Jahren auf und wurden vermutlich aus ferneren Regionen angeweht.

Vor gut 3.000 Jahren war Deutschland auf fast 70 % seiner

Natürliche Dynamik – ein Kennzeichen alter, naturbelassener Wälder (Foto: Ralf Kubosch).

Roter Fingerhut vor Uraltbuche (links; Foto: Ralf Kubosch).

Fläche von Buchenurwäldern bedeckt. Im gesamten Kellerwald ist die Buche mit einem Anteil von 58 % heute immer noch die vorherrschende Baumart und ihre Expansionskraft ist ungebrochen: Sie breitet sich nicht nur weiter, sondern sogar in Gebieten aus, die sie auf ihrer nachkaltzeitlichen Rückwanderung bislang nicht erreichen konnte. Vor dem Hintergrund des Klimawandels wird sich die Buche voraussichtlich in den höheren Gebirgen und an ihren nördlichen und östlichen Arealgrenzen weiter ausdehnen. Sie ist – wie keine andere Waldbaumart in Europa – hervorragend an die aktuellen Klimaveränderungen angepasst.

Blick auf die ausgedehnten Altbuchenbestände auf dem „Arensberg" im Nationalpark Kellerwald-Edersee (Foto: Manfred Delpho).

Die Waldvegetation im Nationalpark – ein Überblick

Die Fläche des Nationalparks Kellerwald-Edersee umfasst 5.738 ha. Etwa 91 % dieser Fläche ist sogenannter „Holzboden" (= Flächen, auf denen dauerhaft Wald wächst). Mit einer Bestandsfläche von 3.729 ha – laut Forsteinrichtung – herrschen die Buchenwälder im Nationalpark vor. Die Bezeichnung „Buchenmeer" ist also durchaus treffend, denn der Kellerwald beherbergt eines der größten zusammenhängenden Gebiete mit Altbuchenwäldern auf bodensauren, nährstoffarmen Standorten im westlichen Mitteleuropa.

Die erste umfassende naturkundliche Beschreibung stammt von dem Biologen Achim Frede aus dem Jahr 2007, auf Grundlage der in den Jahren 2005 und 2006 im Nationalpark durchgeführten flächendeckenden Biotoptypenkartierung, die den Ausgangszustand auf dem Weg hin zum „Urwald"

Felsen und Buchenwälder – ein „Alleinstellungsmerkmal" des Nationalparks (Foto: Manfred Delpho).

dokumentiert. Im Rahmen der vom Nationalparkamt beauftragten und federführend von Nationalparkmitarbeiter Achim Frede betreuten, wissenschaftlichen Bestandsaufnahme wurden im Nationalparkgebiet insgesamt 85 unterschiedliche Biotoptypen erfasst, wovon die Waldtypen über 85 % und davon die Buchenwälder knapp 50 % der Nationalpark-Gesamtfläche einnehmen. Die Ergebnisse der Erhebungen wurden vom Nationalparkamt 2016 in einem zweiten „Forschungsbericht" veröffentlicht.

Bei der Kartierung wurde zwischen „natürlichen" und „sekundären" Waldgesellschaften unterschieden. Sekundär bedeutet, dass diese Waldgesellschaften aus meist nicht standortheimischen Baumarten bestehen und durch die forstliche Nutzung stark überprägt wurden. Der Anteil dieser Wälder umfasst noch rund 2.000 ha. Nach dem Sturmereignis „Kyrill" sind vor allem die Flächen mit Nadelbäumen weiter geschrumpft, da diese besonders windwurfanfällig sind.

Waldgesellschaften und Biotoptypen – ein Überblick

Mitteleuropa und somit auch die Kellerwaldregion liegen im Bereich der sommergrünen Laubwälder der kühlgemäßigten („nemoralen") Vegetationszone. Je nach Klima- und Bodenverhältnissen, Wasserhaushalt, Exposition, Konkurrenzverhalten der Arten etc. bilden sich auf natürliche Weise oder unter menschlichem Einfluss Vegetationsmosaike mit einer jeweils charakteristischen Artenkombination heraus, die in „Pflanzengesellschaften" zusammengefasst werden. Die Lehre von der Vergesellschaftung der Pflanzenarten (Pflanzensoziologie) ist erst zu Beginn des 20. Jahrhunderts entstanden. Grundlage der Pflanzensoziologie ist die vom Schweizer Botaniker Josias Braun-Blanquet entwickelte Methode der Vegetationsaufnahme, die in Deutschland maßgeblich von Reinhold Tüxen und Erich Oberdorfer gefördert und weiterentwickelt wurde.

Bei der Erfassung und Beschreibung der „Biotoptypen" (griech. bios = Leben, topos = Ort) im Nationalpark Kellerwald-Edersee wurden vegetationskundliche Erhebungen zugrunde gelegt, d.h. zur Charakterisierung der einzelnen Typen dienten die jeweils vorhandenen Waldgesellschaften (z.B. Buchenwaldtypen mit den Gesellschaftseinheiten Hainsimsen-, Waldmeister- und Wald-Haargersten-Buchenwälder).

Systematisch lassen sich die Pflanzengesellschaften in Ordnungen, Verbände (Unterverbände) und Assoziationen gliedern. Über allem steht die Klasse der (mittel-)europäischen Laubwälder.

Für eine ziemlich grobe Einteilung der Waldgesellschaften auf Ordnungs- und Verbandsebene reichen die jeweils dominanten Vorkommen von Baumarten aus. Für eine weitere, feinere Untergliederung der Vegetationseinheiten werden hingegen hauptsächlich die Arten der Bodenvegetation herangezogen, da diese relativ genau unterschiedliche Standortbedingungen und somit auch Veränderungen der Artenkombinationen anzeigen. Dabei wird zwischen Charakter- und Trennarten unterschieden. Letztere werden herangezogen, um die Unterschiede zu anderen, sehr ähnlichen Pflanzengesellschaften herauszuarbeiten.

Die laubwerfenden (mesophytischen) Wälder Mitteleuropas (Ordnung Fagetalia) bestehen im Wesentlichen aus Bäumen der Gattungen Ahorn, Hainbuche, Buche, Esche, Linde und Ulme und lassen sich dabei in vier große Gesellschaftsverbände untergliedern:

- Rotbuchenwälder (Fagion)
- Hainbuchenreiche Laubmischwälder (Carpinion)
- Eschen- und erlenreiche Laubmischwälder/Auenwälder (Alno-Ulmion) und
- Ahorn- und Lindenmischwälder, sogenannte Edellaubholz-Mischwälder (Tilio-Acerion).

Die Rotbuchenwälder repräsentieren pflanzensoziologisch den für Mitteleuropa bedeutendsten Verband.

Neben der Buche gehören aber auch Eichenarten (in Deutschland hauptsächlich Stiel- und Traubeneiche) zu den wichtigsten waldbildenden Laubbäumen. Sie werden in zwei eigenständigen Ordnungen, den bodensauren Eichenmischwäldern (Quercetalia roboris) und den xerothermen (wärmegebundenen) Flaumeichen-Mischwäldern (Quercetalia pubescenti) zusammengefasst. Letztere sind in Mitteleuropa als submediterrane Reliktwaldgesellschaft lediglich auf wenige, extrem trockenwarme und kalkreiche Standorte beschränkt.

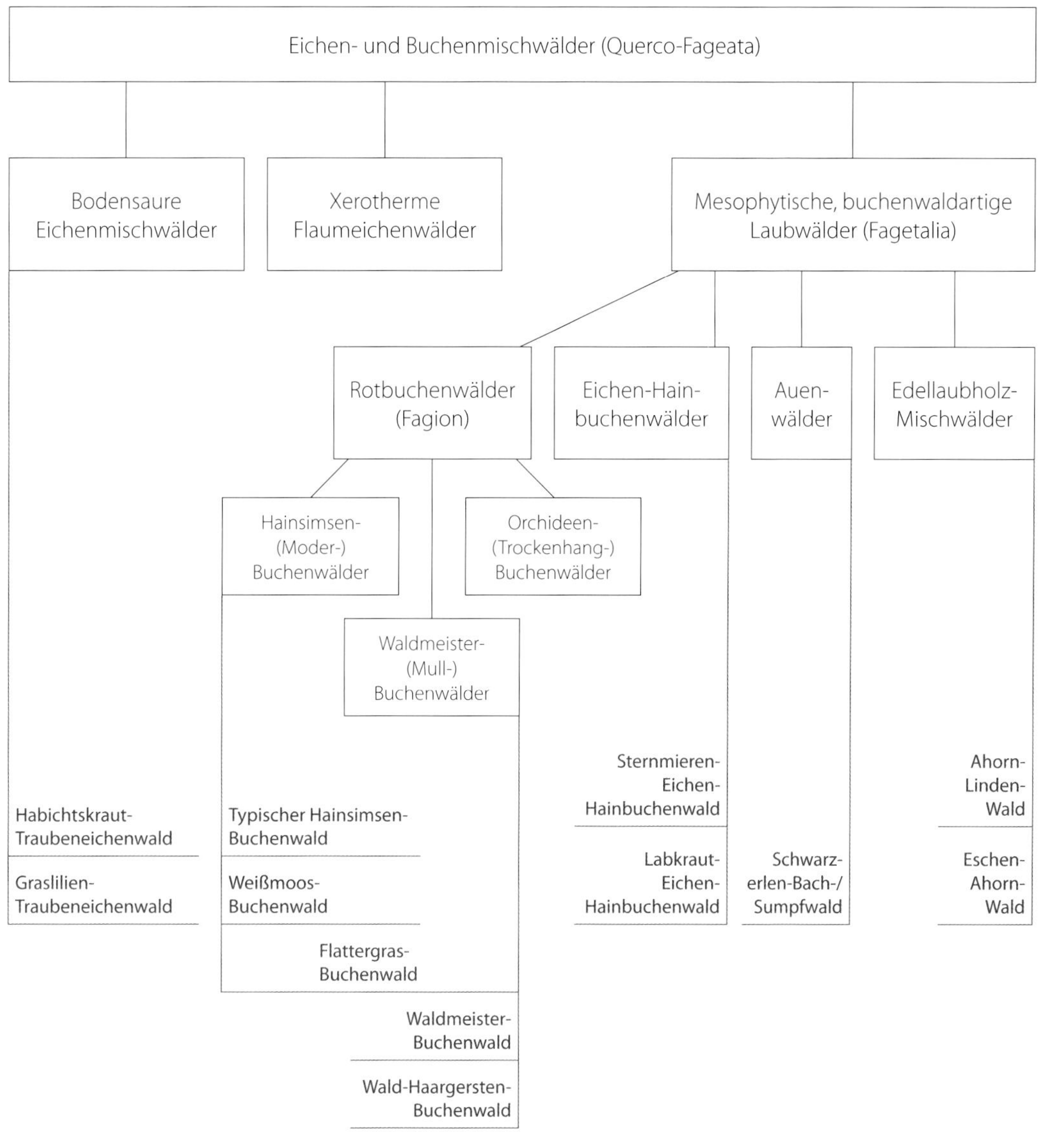

Systematik der mitteleuropäischen Laubwälder (nach Oberdorfer 2001, Härdtle et al. 2004, starkt vereinfacht). Grün gekennzeichnet: natürliche Waldgesellschaften des Nationalparks Kellerwald-Edersee.

Waldtyp	Fläche [ha]	Fläche [%]
Buchenwälder	2.864	49,9
Eichen-Hainbuchenwälder	37	0,6
Eichenwälder	10	0,2
Edellaubholzwälder	17	0,3
Erlenwälder feuchter Standorte	20	0,35
Sekundäre Eichenwälder	137	2,4
Laubholzforste	345	6,0
Mischwälder	667	11,6
Nadelwälder	799	13,8
Vorwald (Schlagfluren)	150	2.6
Summe	5.050	87,75

Anteile der Waldbiotoptypen im Nationalpark Kellerwald-Edersee (Datenquelle: Nationalparkamt Kellerwald-Edersee, Menzler & Sawitzky 2015).

Hainbuchenreicher (vermutlich früher als Niederwald genutzter) Edellaubholzwald (Carpinion) an einem Abhang des Banfetales (Foto: Ralf Kubosch).

Neben den vorherrschenden, naturnahen Buchenwaldtypen sind im Gebiet weitere natürliche Laubwaldgesellschaften vertreten, die allerdings nur rund 1,5 % der Nationalpark-Gesamtfläche einnehmen. Es handelt sich dabei um meist kleinflächig eingestreute Edellaubholzwälder und Eichen-Trockenwälder sowie um Feuchtwälder auf quelligen Standorten und entlang der Fließgewässer. Auch wenn diese Wälder natürlicherweise nur kleinflächig vorkommen, sind sie dennoch sehr charakteristisch für den an Sonderstandorten reichen Naturraum. Bedingt durch die geologischen Verhältnisse, sind vor allem fels- und blockschuttreiche Standorte im Kellerwald weit verbreitet. Im Nationalpark sind sie meist in Steilhanglagen der tief ins Grundgebirge eingeschnittenen Bachtäler sowie an den Edersteilhängen zu finden. Auf ihnen wachsen hauptsächlich **Ahorn-Linden-Wälder** (Aceri-Tilietum platyphilli), in kühl-feuchten Lagen auch **Eschen-Ahorn-Wälder** (Fraxino-Aceretum). Diese Waldbestände sind in der Baumschicht äußerst artenreich. Zum Spektrum gehören Feld-, Spitz- und Bergahorn (*Acer campestre, A. platanoides, A. pseudoplatanus*), dazu sowohl Winter- als auch Sommerlinde (*Tilia cordata, T. platyphyllos*), Mehlbeere (*Sorbus aria*), Traubeneiche (*Quercus petraea*), Bergulme (*Ulmus glabra*) und Esche (*Fraxinus excelsior*), in der Strauchschicht auch Alpen-Johannisbeere (*Ribes alpinum*) und Rote Heckenkirsche (*Cornus sanguinea*). In der warmtrockenen Variante der Ahorn-Linden-Wälder sind in der Krautschicht auffällige Arten wie die Schwal-

Blüte des Bergahorns (Foto: Manfred Delpho).

Mächtige Bergahornstämme auf dem „Traddelkopf" – mit 626 m höchste Erhebung im Nationalpark Kellerwald-Edersee (rechts; Foto: Ralf Kubosch).

benwurz (*Vincetoxicum hirundinaria*) verbreitet. Zu den imposantesten Edellaubholzbeständen im Nationalpark zählen die Urwälder an den dem Edersee zugeneigten Steilhängen der „Wooghölle" sowie an der Westflanke des „Ringelsbergs".

In den das Nationalparkgebiet prägenden, tief eingekerbten Talzügen des Banfe- und Keßbaches sowie der Großen Küche kommen typischerweise **Bachauen- und Sumpfwälder** vor, in denen hauptsächlich die Schwarzerle (*Alnus glutinosa*) vorherrscht. Stellenweise sind Eschen beigemischt. Ausgeprägte Erlen-Sumpfwälder treten nur selten auf und die Auenvegetation wurde in den letzten Jahrhunderten durch Rodungen und Grünlandnutzung vielerorts zurückgedrängt. Nur in den ausgewiesenen Prozessschutzzonen des Nationalparks können sich wassergeprägte Laubwälder an einigen Stellen wieder frei entfalten.

Eichenwälder sind im Nationalpark vor allem auf extrem flachgründigen, trockenen Standorten zu finden. Die charakteristische, bestandsbildende Baumart ist die Traubeneiche. Daneben können aber auch Hainbuchen (*Carpinus*

Vom „Daudenberg“ schweift der Blick über das ausgedehnte Buchenmeer (Foto: Klaus Bogon).

Blätter der Mehlbeere, die warmtrockene Standorte bevorzugt (Foto: Manfred Delpho).

betulus) und Mehlbeeren, vereinzelt sogar Rotbuchen beigemischt sein. Pflanzensoziologen unterscheiden im Nationalpark zwei seltene Typen von Eichenwäldern: den **Habichtskraut-Traubeneichenwald** (Luzulo-Quercetum petraeae) und den **Graslilien-Traubeneichenwald** (Luzulo-Quercetum silenetosum). Letzterer wächst hauptsächlich in stark besonnten, also wärmebegünstigten Steillagen.

Dementsprechend kommen dort, wie zum Beispiel am „Hagenstein“ und am „Bloßenberg“, zahlreiche licht- und wärmeliebende Arten wie Astlose Graslilie (*Anthericum liliago*) oder Schwalbenwurz (*Vincetoxicum hirundinaria*) vor. Unter den extrem trockenen, nährstoffarmen Standortbedingungen werden die alten, ausgewachsenen Eichen kaum fünf Meter groß. Ihr Wuchs ist krüppelig und verleiht ihnen ein knorriges, gnomenhaftes Aussehen. Diese auffälligen Baumgestalten haben sich mittlerweile sogar zu einem „Markenzeichen“ der Region rings um den Nationalpark entwickelt.

Der größte 25 ha umfassende Eichen-Trockenwaldbestand befindet sich allerdings außerhalb des Parks in der sogenannten „Kahlen Hardt“ an den Steilhängen nördlich des Edersees. Die weit über 500 Jahre alten Bäume gelten als „Methusalems“ des Kellerwaldes. Die Unzugänglichkeit der Wuchsorte verhinderte eine kontinuierliche Holznutzung. Eine Reihe der im Nationalpark vorkommenden Eichenwälder ist hingegen nutzungsbedingt bzw. „sekundär“ durch Anpflanzungen oder durch das gezielte Fördern

Uralte, knorrige Traubeneichen bilden den Baumbestand in der „Kahlen Hardt" nördlich des Edersee (Foto: Klaus Bogon).

der Eichenbäume entstanden. Solche Bestände werden pflanzensoziologisch dem **Honiggras-Eichenwald** (Holco mollis-Quercetum) zugeordnet und sind u. a. an den Südhängen des „Rabensteins" und im „Mehler Holz" verbreitet. Weitere bemerkenswert interessante, naturnahe Waldtypen des Nationalparks sind, obwohl auch nur kleinflächig vorkommend, die Eichen-Hainbuchenwälder. Unterschieden werden **Waldlabkraut**- und **Sternmieren-Eichen-Hainbuchenwälder** (Galio- und Stellario-Carpinetum). Diese Waldtypen lieben Böden mit einem unausgeglichenen Wasserhaushalt, die je nach Witterungsperiode und Bodenverhältnissen mal etwas feuchter, mal etwas trockener sind. Meist handelt es sich um wechselfeuchte Orte an Hangfüßen oder in wasserstauenden Mulden, die im Sommer austrocknen.

Der Buche behagen diese unsteten Verhältnisse nicht, weswegen dort hauptsächlich Hainbuchen, Traubeneichen und auch Feldahorne wachsen. Die Krautschicht ist in der

Blockreicher Gipfel des „Daudenbergs" (Foto: Wolfgang Ewert).

Seite 74: Sternförmige Blüte der Graslilie (links oben; Foto: Manfred Delpho). Buchenwald mit ausgedehntem Perlgrasteppich (links unten; Foto: Ralf Kubosch). Blüten der Großen Sternmiere (rechts oben; Foto: Ralf Kubosch). Licht- und wärmeliebend – die Pfirsichblättrige Glockenblume (rechts unten; Foto: Gerhard Kalden).

Auf sehr flachgründigen Standorten verbreitet – der Habichtskraut-Traubeneichenwald (Foto: Ralf Kubosch).

Seite 77: Die Weiße Hainsimse – Charakterart der Buchenwälder auf nährstoff- und basenarmen Böden (links oben; Foto: Manfred Delpho). Bildet selbst auf den ärmsten Standorten noch dicke Polster – das Weißmoos (links unten; Foto: Ralf Kubosch). Die Zwiebeltragende Zahnwurz ist in den Buchenwäldern der höheren Lagen verbreitet (Rechts oben; Foto: Manfred Delpho). Mag es nährstoffreich – das Buschwindröschen (rechts unten; Foto: Manfred Delpho).

Ehemalige Windwurffläche in der Birken-Pionierwaldphase (Foto: Norbert Panek).

Nicht standortheimische Nadelwälder wurden in den letzten Jahren vermehrt durch Sturmwürfe „umgebaut" (Foto: Manfred Delpho).

Regel üppig ausgeprägt mit Vorkommen von Einblütigem Perlgras (*Melica uniflora*) und Großer Sternmiere (*Stellaria holostea*). Auf insgesamt etwas trockeneren, wärmebegünstigten Standorten stellen sich u.a. Waldlabkraut (*Galium sylvaticum*), Pfirsichblättrige Glockenblume (*Campanula persicifolia*) und Wald-Habichtskraut (*Hieracium sylvaticum*) ein.

Die Waldlabkraut-Variante der Eichen-Hainbuchenwälder ebenso wie die bodensaure Sternmieren-Variante zählen zu den absolut seltenen, bislang auch in der Fachliteratur nur wenig beachteten Waldgesellschaften des Nationalparks. Größere Bestände des Sternmieren-Eichen-Hainbuchenwaldes sind vor allem am „Daudenberg" und am „Rabenkopf" zu finden. Waldlabkraut-Eichen-Hainbuchenwälder wachsen auf der Westseite der Banfebucht. Einige Bestände haben sich durch die früher verbreitete Nieder- und Mittelwaldnutzung aus Buchenwäldern entwickelt und gehören damit in die große Gruppe der „sekundär" entstandenen Waldgesellschaften.

Auch die stark anthropogen beeinflussten **Laubholzforste** sowie **Nadel- und Mischwälder**, die mehr oder weniger große Anteile nicht naturraum- und standortheimischer Baumarten, wie Fichte (*Picea abies*), Kiefer (*Pinus sylvestris*), Lärche (*Larix* spec.) und Douglasie (*Pseudotsuga menziesii*), enthalten, zählen zu den sekundären Waldgesellschaften. Im Vergleich mit anderen Waldgebieten ist der Nadelholzanteil im Nationalpark (14 %) sehr gering. Durch Windwurfereignisse, Borkenkäferbefall und die sich anschließende natürliche Sukzession, aber auch durch die gezielte Beseitigung von Douglasienbeständen wurden die Nadelholzflächen in den vergangenen Jahren erheblich reduziert.

Die Buchenwälder

Die Existenz der ausgedehnten Buchenwälder im Kellerwald ist nicht nur das Ergebnis eines langen natürlichen Prozesses, sondern auch einer kulturhistorisch bedingten Entwicklung, die durch menschliche Aktivitäten und Eingriffe unter dem Einfluss der jeweiligen politischen (landesherrschaftlichen) Rahmenbedingungen begünstigt bzw. gesteuert wurde. Dass die großen zusammenhängenden Buchenwälder im nördlichen Teil des Naturraumes „Kellerwald" über Jahrhunderte hinweg überdauern konnten, lag vor allem an den unwirtlichen Standortverhältnissen, die eine dauerhafte Besiedlung und landwirtschaftliche Nutzung ausschlossen, weiterhin an der lange Zeit umkämpften und daher nur dünn besiedelten Grenzlage zwischen den konkurrierenden Volksstämmen der Franken und Sachsen und nicht zuletzt am ausgeprägten Jagdinteresse der späteren Feudalherren, die das große Laubwaldgebiet mit seinem Wildreichtum zuallererst als ergiebige „Fleischkammer" betrachteten.

Bis ins späte 20. Jahrhundert hinein spielten forstwirtschaftliche Belange in dem damaligen Wildgatter nur eine untergeordnete Rolle. Die Tatsache, dass der Kellerwald vor 130 Jahren von der damaligen „Verfichtungswelle", die über ganz Deutschland und vor allem auch über das nahegelegene Hochsauerland schwappte, nicht erfasst wurde, schuf letztlich die idealen Startbedingungen für die Ausweisung des heutigen Buchenwald-Nationalparks.

Die Buchenwälder im Nationalpark umfassen laut der vom Nationalparkamt beauftragten Biotopkartierung eine Fläche von insgesamt 2.864 ha. Ihre Lage im westlichen submontanen deutschen Mittelgebirge markiert das Zentrum des Rotbuchenwald-Weltverbreitungsareals und damit auch das Optimum der europäischen Buchenverbreitung, wo die Baumart im natürlichen Waldbild absolute Dominanz erreicht. Hier ist sie unschlagbar, was Konkurrenzstärke und Anpassungsfähigkeit betrifft.

Beliebt bei Wildschweinen: Bucheckern und Eicheln. Über Jahrhunderte hinweg war das heutige Nationalparkgebiet Jagdrevier und höfische Fleischkammer der Landesherrschaft (Foto: Manfred Delpho).

Krautschichtarmer Hainsimsen-Buchenwald – typisch für bodensaure, nährstoffarme Standorte (Foto: Ralf Kubosch).

Krautvegetation mit Wald-Haargerste zeigt nährstoff- und basenreiche Standorte an (Foto: Ralf Kubosch).

Die Biotopkartierer haben im Nationalpark fünf unterschiedliche Buchenwaldtypen erfasst. Vorherrschend sind typisch ausgebildete **Hainsimsen-Buchenwälder** (Luzulo-Fagetum typicum) der bodensauren, nährstoffarmen Standorte, die eine Fläche von 2.437 ha und somit rund 42 % der Nationalparkfläche einnehmen. In den mitteleuropäischen Gebirgen, die aus Ton- und Kieselschiefern sowie Grauwacken und anderen sauren Sandsteinen aufgebaut sind, ist dies der flächenmäßig vorherrschende Waldtyp. Charakterpflanze der meist nur spärlich und artenarm ausgeprägten Krautschicht ist die Weiße Hainsimse (*Luzula luzuloides*).

Im Nationalpark kommen darüber hinaus zwei weitere Varianten des Hainsimsen-Buchenwaldes vor: Eine Variante mit Weißmoos (*Leucobryum glaucum*) und Heidelbeere (*Vaccinium myrtillus*) auf sehr kargen, ausgehagerten, flachgründigen und meist hängigen Standorten (Luzulo-Fagetum leucobryetosum) sowie die Flattergras-Variante (Luzulo-Fagetum milietosum), die bevorzugt auf mäßig basenreichen, lehmigen und besser mit Nährstoffen versorgten Standorten wächst. Der eine Typ repräsentiert quasi die „Mager"-Variante des Hainsimsen-Buchenwaldes, der andere Typ die „Fettkost"-Variante, welche allein schon durch ihre etwas üppigere Krautvegetation hervorsticht, in der bemerkenswerterweise die Wald-Haargerste (*Hordelymus europaeus*) regelmäßig vertreten ist – eigentlich eine typische Pflanzenart der nährstoff- und basenreichen Mull-Buchenwälder. Typen dieser artenreichen Wälder, der **Wald-Haargersten-Buchenwald** (Hordelymo-Fagetum)

Früchte der Heidelbeere, die zusammen mit Weißmoos in der ärmsten Variante des Hainsimsen-Buchenwalds vorkommt (Foto: Ralf Kubosch).

Die Frühlings-Platterbse – im Nationalpark selten, aber charakteristisch für nährstoff- und basenreiche Buchenwälder (Foto: Klaus Bogon).

und der **Waldmeister-Buchenwald** (Galio odorati-Fagetum), sind denn auch im Nationalparkgebiet vertreten, allerdings nur verstreut auf kleiner Fläche: Ihr Anteil nimmt gerade 2 % ein.

Auffällige und charakteristische Pflanzen der meist gut ausgeprägten Krautschicht sind: neben Wald-Haargerste und Waldmeister (*Galium odoratum*), Einblütiges Perlgras, Waldschwingel (*Festuca altissima*), Bingelkraut (*Mercurialis perennis*), selten auch Frühlings-Platterbse (*Lathyrus vernus*), in den höheren Lagen Zwiebeltragende Zahnwurz (*Dentaria bulbifera*), Hohler Lerchensporn (*Corydalis cava*) und Gelbes Buschwindröschen (*Anemone ranunculoides*).

Bestände dieser hinsichtlich Basen- und Nährstoffversorgung „anspruchsvollen" Waldgesellschaften befinden sich im Bereich der „Wooghölle", des „Daudenbergs", des „Arensbergs", am „Hohen Stoßkopf", „Dicker Kopf" (Südflanke) sowie im Bereich „Ruhlauber".

Die Welterbe-Zone

So mancher Leser wird überrascht sein, dass nicht der gesamte Nationalpark Kellerwald-Edersee im Jahr 2011 als Weltnaturerbestätte ausgewiesen wurde, sondern nur ein nach strengen Kriterien ausgewählter Teilbereich des Nationalparks. Nach den Vorgaben der UNESCO sollte das Naturgut, das das Welterbe repräsentiert, möglichst „unversehrt" sein. Der Begriff „Unversehrtheit" war im Fachjargon der Naturschützer bislang relativ ungebräuchlich. Gemeint sind damit die besten, noch intakten bzw. naturnah gebliebenen (reifen) Buchenwaldbestände, die eine noch möglichst vollständige, typische Artenausstattung sowie die möglichst vollständige Palette der natürlichen Waldentwicklungsphasen (vom Verjüngungs- bis zum Zerfallsstadium) aufweisen und in denen die natürlichen, ungestört ablaufenden Waldentwicklungsprozesse ohne menschlichen Einfluss auf unbegrenzte Dauer und auf einer ausreichend großen zusammenhängenden Fläche gesichert sind.
Nicht nur die Holznutzung, auch die Bejagung von Wildtieren und jegliche weitere, menschliche Einflussnahme müssen in diesen definierten Waldbereichen ausgeschlossen sein. Aufgrund dieser Merkmale wurde innerhalb des Nationalparks eine zusammenhängende Teilfläche in der Größe von 1.467,1 Hektar selektiert, die den Kernbereich des Welterbe-Clusterteils „Kellerwald-Edersee" repräsentiert. Diese Kernfläche umfasst die wertvollsten, urwaldartigen Buchenbestände an der „Wooghölle" und am „Ringelsberg" ebenso wie die ausgedehnten alten Hainsimsen-Buchenwälder auf dem „Arensberg", auf der „Traddel", an der „Locheiche", am „Ruhlauber" sowie am „Dicker Kopf". Gekennzeichnet sind diese Bereiche besonders durch bis zu 260 Jahre alte Buchen („Wooghölle") sowie erhöhte Mengen an Biotop- und Totholz. Die Grenzen der Welterbe-Zone sind an den Wanderwegen dezent durch kleine, metallene Tafeln kenntlich gemacht.

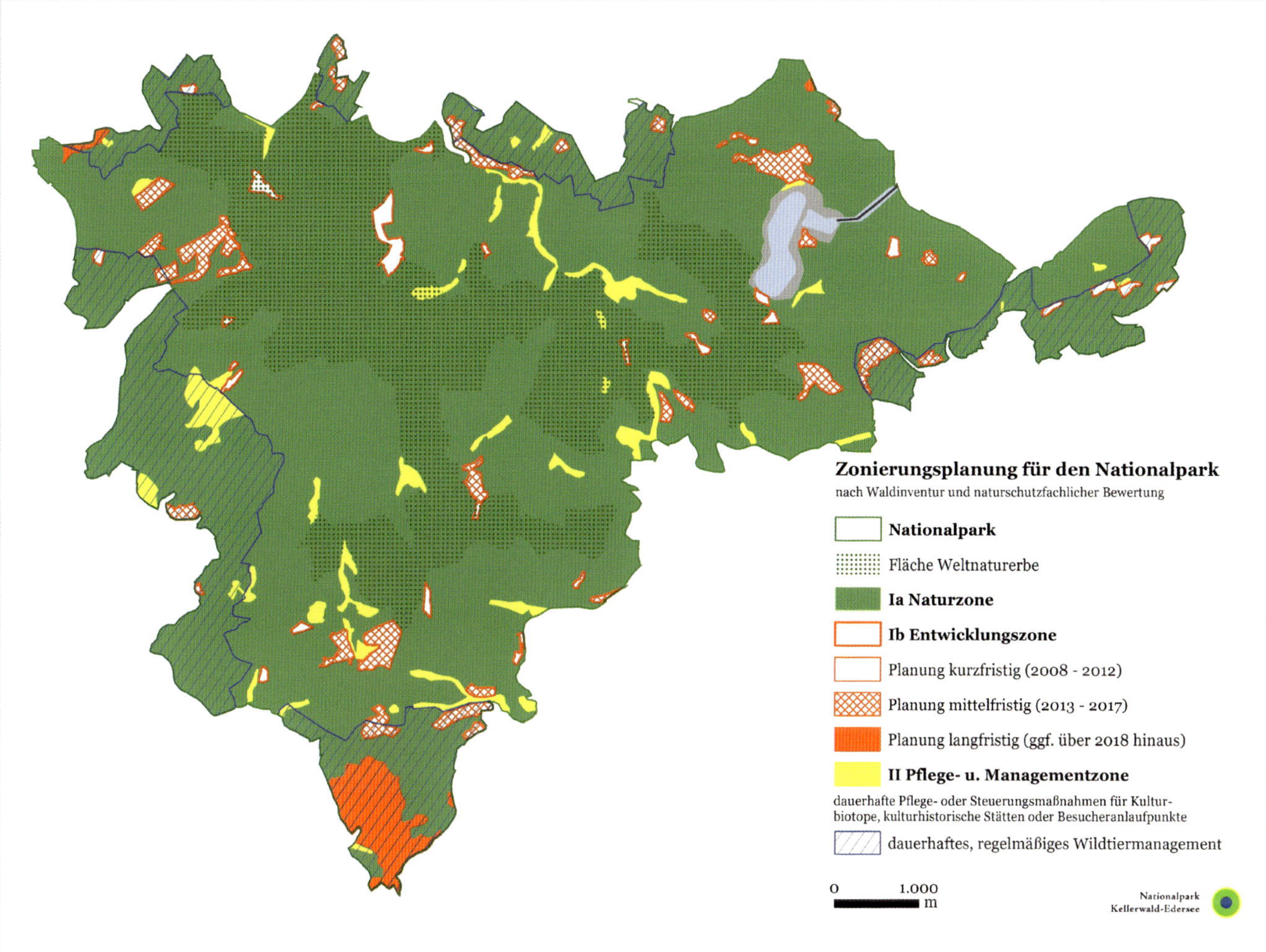

Die Karte zeigt die Verteilung der Welterbe-Kernzonen sowie die übrige Zonierung im Nationalpark Kellerwald-Edersee. Mit einem nutzungsfreien Naturzonenanteil von 92 % zählt der Nationalpark zu den wenigen Großschutzgebieten in Deutschland, die die internationalen Standards der IUCN übererfüllen (Quelle: Nationalparkamt Kellerwald-Edersee).

Seite 82: Urwaldartiger Buchenbestand am „Ringelsberg" – Bestandteil der Welterbe-Kernzone im Nationalpark (oben; Foto: Wolfgang Ewert). Die Kernzonen der UNESCO-Weltnaturerbestätte sind mit Täfelchen markiert (unten; Foto: Norbert Panek).

Urwaldrelikt „Wooghölle" (Foto: Ralf Kubosch).

Urwaldwärts

Nationalparks zielen allgemein auf den großräumigen Schutz von Ökosystemen und die darin ablaufenden natürlichen Entwicklungsprozesse ab. Hans Bibelriether, ehemaliger Leiter des Nationalparks Bayerischer Wald, fasste die Nationalparkziele in einer einfachen, gängigen Formel zusammen: „Natur Natur sein lassen!" Mindestens 75 % der Fläche eines Nationalparks sollten nach den Vorgaben der Internationalen Naturschutzunion IUCN zur Verfügung stehen, um dieses Ziel „Natur sein lassen" zu erfüllen. In Deutschland gibt es derzeit nur vier – von insgesamt 16 – Nationalparks, die diese Bedingung erfüllen. Mit über 90 % Kernzonenanteil liegen der „Kellerwald" (als einziger von der Internationalen Naturschutzunion zertifizierter Nationalpark), der „Hainich" und das „Hamburgische Wattenmeer" an der Spitze, gefolgt vom Nationalpark Jasmund mit 87 %.

Der hohe Anteil der nutzungsfreien Kernzonen im Nationalpark Kellerwald-Edersee zeigt, dass dort nahezu ideale Ausgangsbedingungen für die Wildnisentwicklung vorherrschen. Dies liegt in erster Linie an dem hohen Naturnähe- und Reifegrad der Buchenwälder.

Die herausragende Altersstruktur der Waldbestände ist ein weiteres „Alleinstellungsmerkmal" des Nationalparks. Laut Forsteinrichtung sind vom Buchengesamtbestand (3.739 ha) rund 2.450 ha (= 65 %) älter als 120 Jahre und rund 1.315 ha (= 35 %) sogar über 160 Jahre alt. Bereits zum Zeitpunkt der Nationalpark-Ausweisung (2004) wurde etwa ein Drittel der Schutzfläche über längere Zeiträume nicht oder kaum noch genutzt. In kaum einem anderen Waldgebiet im westlichen Mitteleuropa sind ältere, reife Buchenbestände in derartigen Größenordnungen zu finden. Einzigartig sind zudem die noch kleinflächig vorkommenden Urwaldstandorte u. a. an der „Wooghölle", am „Ringelsberg" und am „Weißen Stein" im Nordteil des Nationalparks.

Im Rahmen der nationalparkbezogenen Biotoptypenkartierung wurde die „Naturnähe" der Wälder bestimmt. Bewertet wurde der vorhandene Zustand der Wälder in Bezug auf die Potenzielle Natürliche Vegetation (PNV) sowie im Hinblick auf den menschlichen (kulturellen) Einfluss, insbesondere durch die forstliche Nutzung, und sonstige Belastungen (Fachbegriff: Hemerobiegrad). Besonders naturnah sind Waldbestände, die in ihrer Artenzusammensetzung der Potenziellen Natürlichen Vegetation weitgehend entsprechen und nicht durch menschliche Eingriffe (z. B. durch die Forstwirtschaft) verändert wurden. Je nach Grad der Beeinflussung sind die Wälder dann als natürlich bzw. naturnah, halbnatürlich oder naturfern einzustufen.

Das Ergebnis bestätigt den aus Naturschutzsicht herausragenden Zustand des Waldgebiets bzw. seine überdurchschnittlich herausragende Nationalpark-Würdigkeit. Die Erhebung belegt, dass fast 50 % der Waldbiotope im

Naturnähe- und Hemerobiegrad	Flächenanteil [ha]	Anteil [%] an Nationalparkfläche
natürlich bis naturnah	8,44	0,15
naturnah	307,75	5,36
naturnah bis halbnatürlich	1.973,34	34,39
halbnatürlich	578,54	10,08
halbnatürlich bis naturfern	–	–
naturfern	–	–

Datenquelle: Nationalparkamt Kellerwald-Edersee, Menzler & Sawitzky 2015

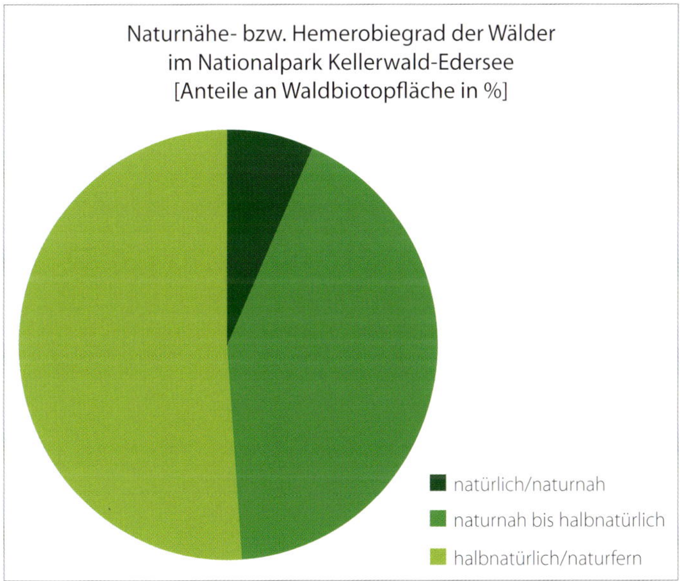

Anteile bezogen auf 5.050 ha (alle Waldbiotope; Datenquelle: Nationalparkamt Kellerwald-Edersee).

Nationalpark als weitgehend „naturnah" bezeichnet werden können (siehe Kreisdiagramm S. 85). Bei den Buchenwald-Biotoptypen liegt der Anteil sogar bei 80 % (siehe Kreisdiagramm unten links).
Bemerkenswert sind die als „natürlich bis naturnah" klassifizierten Waldbestände (insgesamt rund 11 ha im Gesamtwaldbestand und davon gut 8 ha Buchenwald), die die Urwaldreliktstandorte repräsentieren. Wie schon der Biologe Achim Frede in einem Beitrag zum „Hessischen Naturwaldforum Buche" im Jahr 2009 aufzeigen konnte, gehören diese Urwaldstandorte zum Wertvollsten, was der Nationalpark zu bieten hat.
Die Nationalparkwälder weisen insgesamt sehr gute Voraussetzungen auf, um sich relativ rasch und stärker in Richtung „Urwald" weiterentwickeln zu können. Die beginnende Verwilderung des Waldes ist fast überall erkennbar, wenn man mit offenen Augen durch den Nationalpark läuft: Geschwächte Altbäume bis hin zum flächigen Zusammenbruch von Nadelholzbeständen (z. B. durch Borkenkäfer), vereinzelte, aufgeklappte Wurzelteller, gehäuftes liegendes Totholz, Windwurfflächen mit aufkommender Buchenverjüngung usw. Großflächig wird eine kontinuierliche Differenzierung der Waldentwicklungsphasen in Richtung „Alterungs- und Zerfallsphase" stattfinden. Diese hochreifen Phasen nehmen in den Buchenwäldern des Nationalparks nach Angaben des Nationalpark-Forschungsberichts zurzeit nur knapp 380 ha (10 %) ein. In Buchenurwäldern liegt der natürliche Anteil dieser totholzreichen Reifephasen nach einschlägigen Untersuchungen in der Regel bei rund 50 %. Die derzeitige Verteilung der Entwicklungsphasen zeigt somit noch das typische Muster von Wirtschaftswäldern mit einem höheren Anteil an noch

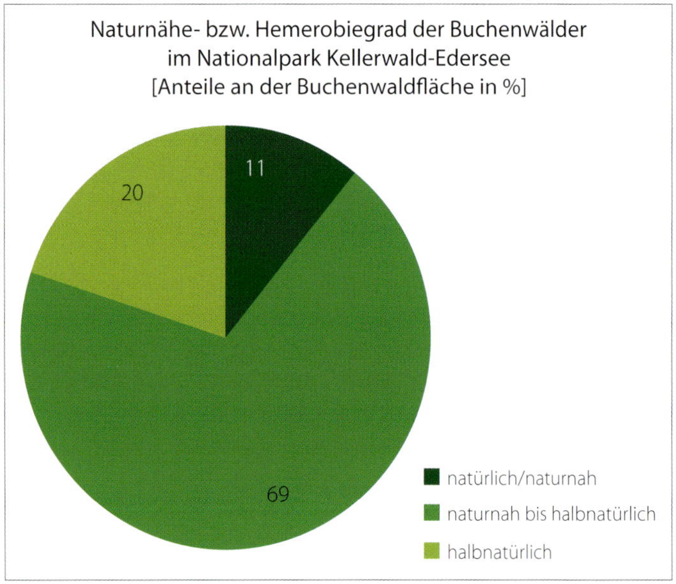

Anteile bezogen auf 2.868 ha (Buchenwald-Biotoptypen; Datenquelle: Nationalparkamt Kellerwald-Edersee).

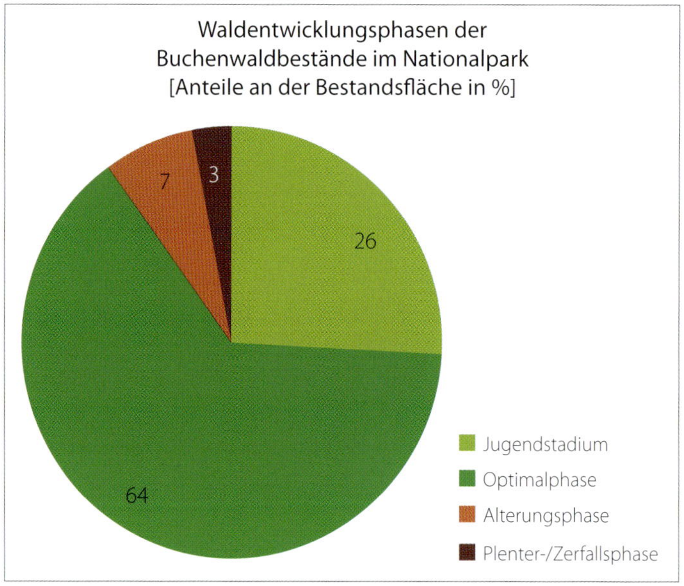

Anteile bezogen auf Bestandsfläche laut Forsteinrichtung (Datenquelle: Nationalparkamt Kellerwald-Edersee).

Windwürfe leiten die natürliche Sukzession ein (links oben; Foto: Norbert Panek). Buchenverjüngung im sterbenden Fichtenforst (links unten; Foto: Norbert Panek). Selbststrukturierungsphase im Buchenwald (rechts oben; Foto: Norbert Panek). In größeren Baumlücken kann die Lichtholzart Birke Fuß fassen (rechts unten; Foto: Manfred Delpho).

Totholzbaum mit vitaler Nebenkrone – Sinnbild für die erstaunliche Regenerationskraft der Rotbuche (Foto: Gerhard Kalden).

Seite 88: Urwald-Impression in der „Wooghölle" (links oben; Foto: Manfred Delpho). Moosbewachsener Totholzstamm am „Traddelkopf" (links unten; Foto: Wolfgang Ewert). Werden und Vergehen (rechts oben; Foto: Manfred Delpho). Waldzerfallsphase auf dem „Arensberg" (rechts unten; Foto: Ralf Kubosch).

jungen gleichförmigen Waldbeständen (siehe Kreisdiagramm S. 86 rechts). Der außergewöhnlich hohe Anteil der Optimalphase (64 %) verdeutlicht jedoch, dass sich der Übergang in die „Alterungsphase" großflächig schon in den nächsten 50 bis 75 Jahren vollziehen wird. Bis sich jedoch die wirtschaftsbedingten „Altersklassen"-Strukturen vollkommen aufgelöst haben, der Zustand eines „Sekundärurwalds" mit natürlicher Mosaik-Dynamik erreicht ist und alle menschlichen Spuren verwischt sind, werden sicherlich noch wenigstens 300 bis 500 Jahre ins Land gehen müssen.

Aus „alt“ wird „neu“ – das perfekte Recycling

Die letzten heute noch kleinflächig vorhandenen Urwaldstrukturen Europas vermitteln nur einen flüchtigen Eindruck von der einstigen, unerschöpflichen Vielfalt unserer deutschen Urwaldlandschaft. Wie sahen unsere heimischen Urwälder vor rund 2.000 oder 4.000 Jahren aus? „Starrend vor Wald, entstellt durch Sümpfe“, schrieb der römische Zeitzeuge Tacitus beim Anblick der germanischen Landoberfläche vor rund 2.000 Jahren. Tatsächlich waren damals weite Teile Deutschlands von Wäldern – hauptsächlich Buchen- und Eichenwäldern – bedeckt. Nur in den großflächigen Moorlandschaften Norddeutschlands und am Alpenrand sowie auf felsigen Standorten der Gebirge gab es waldfreie Gebiete. Aber so „schrecklich“, wie ihn Tacitus beschrieb, war der Wald in Wirklichkeit nicht. Er war keinesfalls nur durch dunkle, undurchdringliche Baumbestände gekennzeichnet. Ganz im Gegenteil: Hier und da gab es größere natürliche Lichtungen, die meistens durch Sturmereignisse oder Insektenfraß entstanden waren und manchmal von großen, pflanzenfressenden Säugetieren (z. B. von Auerochsen) „beweidet“ wurden. Dort, wo sich ungestört Urwald entwickeln konnte, bestand dieser überwiegend aus einem mehr oder weniger dicht geschlossenen Baumbestand, der durch am Boden nachwachsende Sämlinge ständig erneuert wurde. Durch umfallende (kranke) Einzelbäume wurden immer wieder neue, meist nur wenige hundert Quadratmeter große Löcher in den Bestand gerissen. In den Lichtlücken der abgestorbenen Bäume siedelten sich schnell junge Buchen an. Zerfall und Verjüngung fanden gleichzeitig und fast auf gleicher Fläche statt. Das reichlich anfallende Totholz wurde von Kleinstorganismen zersetzt und wieder nahezu vollständig in den Nährstoffkreislauf zurückgeführt.

Der Breslauer Botanik-Professor Heinrich Robert Göppert besuchte 1864 die letzten Urwälder Böhmens und lieferte

eine erste wissenschaftliche Beschreibung der Merkmale dieser Wälder. Er berichtet über „gewaltige, drei- bis vierfach übereinander lagernde, mit Moos bedeckte Stämme", die „auf höchst eigenthümliche Weise an den Boden befestigt" sind, indem „auf ihnen in ihrer ganzen Länge wieder andere Bäume keimten, ... die ihre Wurzeln in das verrottete Innere der Mutterstämme senkten oder sie auch umklammerten." Zum Charakter eines Urwaldes gehörten nach Göpperts Beschreibung „nicht blos einzelne Stämme von kolossaler Größe", sondern „als Eigenthümlichkeit" auch „zahlreiche knollige, oft wundersam gestaltete Auswüchse" sowie vor allem die „Dichtigkeit des Wachstums, wie sie in der That zur Zeit noch wohl nirgends mehr in Deutschland als eben hier gefunden wird."
Göpperts Beobachtungen und Erkenntnisse über den mitteleuropäischen Urwald blieben lange Zeit unbeachtet. Weitere Forschungen legten erst im Verlauf des letzten Jahrhunderts den Grundstein zur Klärung seiner biologischen „Funktionsweise". Von der damaligen Forstwirtschaft wurde der Urwald als Vorbild zunächst ignoriert und sogar systematisch bekämpft.
Nach heutigen Kenntnissen stellen Wälder ein sehr dynamisches Ökosystem dar, das sich in einer ununterbrochenen Wechselfolge von komplexen, zyklischen Lebens- und Sterbeprozessen befindet, wobei auch Störungen wie zum Beispiel Windwurfereignisse eine zentrale Rolle spielen können. Derartige – in Laubwäldern eher seltene – Ereignisse führen zu mitunter größeren Waldauflichtungen. Im Schutz der umgestürzten Bäume wächst dann großflächig zunächst ein gleichförmiger Pionierwald heran, der aus schnellwüchsigen Weiden, Birken, Aspen und anderen lichtliebenden Gehölzen besteht. Untersuchungen im tropischen Regenwald Westafrikas in der ersten Hälfte des vorigen Jahrhunderts sowie weitere Studien in europäischen Urwaldresten führten zu der Erkenntnis, dass der stetige Wandel in den Wäldern normalerweise durch verschiedene Stadien und Phasen der „Waldentwicklung" gekennzeichnet ist, die in der Regel in kleinen Flächeneinheiten mosaikartig und zeitlich versetzt („desynchron") auftreten und durch den natürlichen Alterungs- und Absterbeprozess der Bäume gesteuert werden. Die Fachleute erkennen in diesem Prozess einen Zyklus („Mosaik-Zyklus", benannt nach dem Ökologen Hermann Remmert), der mit einem „Verjüngungs- und Heranwachsstadium" beginnt, ein „Optimalstadium" erreicht und schließlich in einem „Alters- und Zerfallsstadium" endet, an dem sich erneut eine Verjüngungsphase anschließt. Jedes Stadium hat seine charakteristischen Merkmale. Besonders Alters- und Zerfallsstadien sind sehr artenreich und durch einen

Ammen-Verjüngung im böhmischen Urwald (Zeichnung aus: Göppert 1868).

Seite 90: Blick in den Urwald am „Ringelsberg" (Foto: Ralf Kubosch).

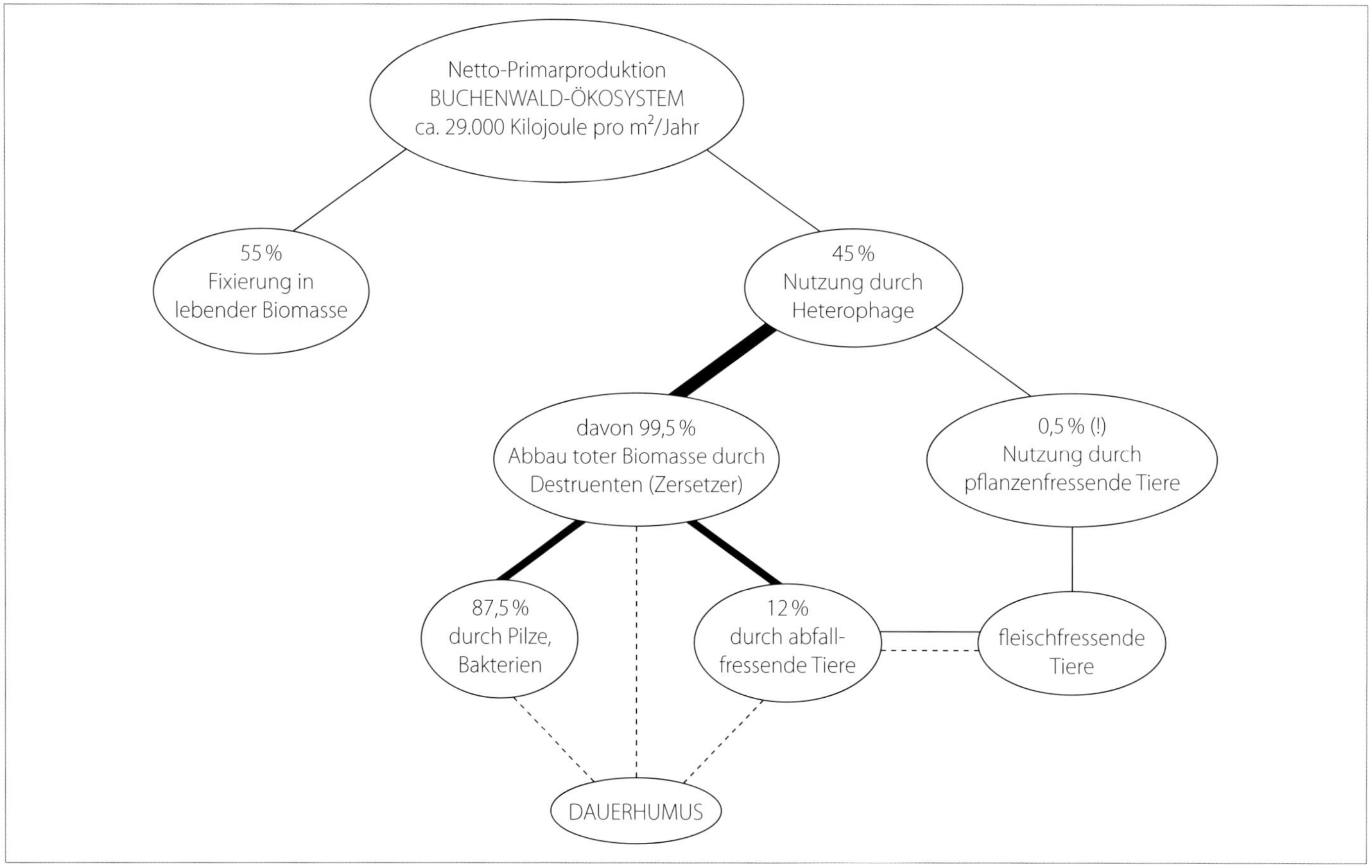

Energiefluss in einem Hainsimsen-Buchenwald: Die Grafik zeigt die enorme Bedeutung der Pilze (und Bakterien) im Stoff- und Energiekreislauf von Waldökosystemen. Insgesamt 99,5 % der gebundenen Energie fließt in den Abbau abgestorbener Biomasse (Totholz, Blattstreu etc.; nach Ellenberg 1986, Härdtle et al. 2004).

außergewöhnlich hohen Anteil bereits abgestorbener Bäume gekennzeichnet, die noch aufrecht stehen oder schon am Boden liegen. Die Prozesse des Sterbens sind das Keimbett steter Erneuerung und somit die Basis für das Überleben des Waldes. Ungestört entwickeln sich nicht nur große Holzvorräte, sondern auch große Humus- bzw. Nährstoffvorräte im Boden. An jeder Stelle der Stadien- und Phasenabfolge können Störeinflüsse von außen den „Zyklus" verändern. So entstehen dann ineinanderfließende, in sich „verschachtelte" Strukturen, die im Urwald – wie von Göppert beschrieben – eine ungewöhnliche Biotop- und Habitatvielfalt erzeugen.

Die für das Ökosystem entscheidenden Lebensprozesse spielen sich im Waldboden ab. Ohne diese würde

„Facharbeiter" im Recyclingbetrieb (Foto: Ralf Kubosch).

Uraltbuche im Zerfallsstadium (Foto: Ralf Kubosch).

der Wald in seinen eigenen „Abfällen" ertrinken. Diese abgestorbene Biomasse besteht hauptsächlich aus der Laubstreu der Bäume, Totholz, Tierkot und Tierkadaver. Das Bodensystem besteht aus einem riesigen, einzigartigen Recyclingunternehmen mit unzähligen, fleißigen „Facharbeitern", vor allem Kleinstorganismen, wie z. B. Würmer, Milben, Asseln, Springschwänze, Fliegenlarven, Bakterien und Urtierchen (Protozoen). Die Aufgabe der sogenannten „Zersetzer" ist, die ständig in großen Mengen anfallenden organischen Abfälle sowohl mechanisch als auch chemisch zu zerkleinern, aufzubereiten und für eine Wiederverwertung verfügbar zu machen, um so den Nährstoffkreislauf permanent in Gang zu halten. Beim Abbau toter Holzmasse spielen vor allem Pilze eine herausragende Rolle. Sie sind die heimlichen Herrscher im Recyclingbetrieb. Ihre holzabbauende Tätigkeit ist ein tragendes Element der Bodenbildung; ohne sie müsste die Stoffaufbereitungsanlage „Insolvenz" anmelden. Zugang verschaffen den Pilzen manche Käferarten, indem sie Gänge ins Holz bohren.

Pilzgeflechte, auch Mykorrhizen genannt, durchziehen den gesamten Waldboden. Sie helfen den Waldbäumen, lebenswichtige Nährstoffe aufzunehmen. Bäume speichern Mineralstoffe im Stammholz. Wenn ein Baum abstirbt und zu Boden fällt, wird dieser Stoffspeicher wieder in seine Bestandteile zerlegt. So schließt sich der Kreislauf. Dieser „bodenbürtige" Mikrokosmos hat eine ungeheure Fülle an Arten und Individuen hervorgebracht. Auf einer Fläche von einem Hektar Laubwald leben allein rund 250.000 Regenwürmer, und die Menge der für uns weitgehend

unsichtbaren Mikroorganismen kann pro Quadratmeter Waldboden mehrere Milliarden umfassen. Wenn also von der „biologischen Vielfalt" im Wald die Rede ist, dann existiert diese hauptsächlich im Boden.
Am heimlichen Kosmos des Bodenlebens wird deutlich, wie komplex Waldökosysteme sind. Die zunehmend maschinelle Holzernte mit schweren Geräten zerstört Waldböden auf großer Fläche. Fahrgassen unterbrechen das unterirdische Netzwerk der Pilzgeflechte und beeinträchtigen den für das Baumwachstum notwendigen Nährstoffnachschub. Der erntebedingte Holzentzug verringert außerdem die „verfügbaren" Nährstoffvorräte im Wald. Die Mengen toter Biomasse, die den Recyclingbetrieb in Gang halten, sind in heutigen Wirtschaftswäldern drastisch reduziert und die entsprechenden Nahrungsketten infolge von Artenschwund deutlich verkürzt oder sogar ganz unterbrochen.

Totholz – das biologische „Gold" des Waldes (Foto: Ralf Kubosch).

Totes Holz – lebendige Vielfalt

Was natürliche Entwicklungsprozesse im Boden und an seiner Oberfläche bewirken, kann man heute bereits an vielen Stellen im Nationalpark Kellerwald-Edersee beobachten. Gut sichtbar sind vor allem die Mengen an toten stehenden, größtenteils aber liegenden Holzstämmen, auf denen sich schnell Pilze ansiedeln.
Totholz ist ein im Funktionskreislauf untrennbarer Bestandteil und somit auch ein wichtiges Strukturmerkmal naturnaher Wälder. Ein großer Anteil der Tiere und Pflanzen, die auf Totholz angewiesen sind, gehört zu den prioritären Zielarten des europäischen und nationalen Naturschutzrechts. Diese Arten sind in ihrer Lebensweise meist hochgradig auf bestimmte Zerfalls- und Zersetzungsphasen von Holz angewiesen. Deshalb sind Totholz bzw. qualitativ und quantitativ ausreichende Totholzvorräte im Wald eine der entscheidenden Grundvoraussetzungen für die Erhaltung der Biodiversität in unseren Wäldern.
Mit zunehmender Verwilderung und Reifung der Buchenwälder im Nationalpark wird der Totholzvorrat weiter rasch ansteigen. Wie Erhebungen im Rahmen der Biotoptypenkartierung ergeben haben, sind die Buchenbestände im Nationalpark noch relativ totholzarm. Lediglich auf einem Flächenanteil von rund 530 ha (also etwa einem Zehntel der Nationalparkfläche) wurden „totholzreiche" bis „mäßig totholzreiche" Buchenwälder kartiert. Ein Anteil von rund 120 ha weist „viel liegendes Totholz" mit Stammdurchmessern von mindestens 40 cm auf. Naturgemäß liegen die höchsten Totholzkonzentrationen in den sehr naturnahen

Pilze spielen eine Schlüsselrolle beim Holzabbau im Ökosystem Wald (Foto: Ralf Kubosch).

Waldbereichen an der „Wooghölle", am „Ringelsberg", am „Daudenberg", am „Weißen Stein", am „Arensberg" sowie windwurfbedingt in einzelnen Nadelholzbeständen, die der natürlichen Sukzession überlassen bleiben. Nach aktuellen Angaben des Nationalparkamtes liegt der durchschnittliche Totholzvorrat im gesamten Nationalpark bei 25 m^3/ha und damit bereits deutlich über dem Bundesdurchschnitt (20,6 m^3/ha).

Zahlreiche holzbesiedelnde Arten sind auf Totholz in den unterschiedlichsten Stammdimensionen und Zersetzungsgraden angewiesen. Ihre Vorkommen hängen daher stark vom Grad der Reifung eines Waldes ab. Alterungs- und Zerfallsphasen zählen zu den artenreichsten Komponenten eines Waldes. Bedeutende sogenannte Habitatbildner sind vor allem Pilze, die häufig den Zersetzungsprozess von toten Hölzern einleiten. Pilze schließen die harten Holzgerüstsubstanzen (Lignine) auf und machen sie für andere Organismen bewohnbar.

Im Nationalpark Kellerwald-Edersee wurden nach Angaben des Nationalpark-Jahresberichts (2013–2015) rund 1.110 Pilzarten nachgewiesen. Die Mehrzahl der Arten zählt zu den Zersetzern von Totholz und Laubstreu. Rund zehn Pilzarten gelten als ausgesprochene Naturwaldzeiger. Ein auffälliger Pilz an stehenden, kränkelnden Stämmen ist der Zunderschwamm (*Fomes fomentarius*). Er kommt als „schwacher" Naturnähezeiger auch in Wirtschaftswäldern

Goldfell-Schüppling (links oben; Foto: Ralf Kubosch), Bunte Tramete und Herbst-Lorchel (links Mitte und unten; Fotos: Klaus Bogon). Totholz lebt (rechts oben; Foto: Ralf Kubosch).

Seite 97: Ästiger Stachelbart – ein Charakterpilz der urwaldartigen Wälder an den Edersee-Steilhängen (links; Foto: Ralf Kubosch). Fruchtkörper des Buchen-Schleimrüblings (rechts oben; Foto: Manfred Delpho). Der Schleimpilz *Lepidoderma tigrinum* (rechts unten; Foto: Klaus Bogon).

vor und markiert die beginnende Alterungsphase von Buchenwäldern. Auch Leber-Reischling (*Fistulina hepatica*), Buchen-Schleimrübling (*Oudemansiella mucida*) und Goldfell-Schüppling (*Pholiota aurivella*) mögen stehende geschwächte oder teilweise bereits absterbende Stämme. Der Goldfell-Schüppling gilt als einer der wichtigsten Großhöhlenbildner, indem er die Voraussetzung schafft, dass sich im Baumstamm ein meterlanger Hohlraum bilden kann, der dann auch von größeren Tieren (z.B. Marder, Fledermäuse) als Quartier genutzt wird.

Als wahre Pilzparadiese entpuppen sich die alten urwaldartigen Baumbestände entlang der Edersee-Steilhänge. Die bereits erwähnte „Wooghölle" beherbergt das bedeutendste Vorkommen des Buchen- oder Ästigen Stachelbarts (*Hericium coralloides*) im gesamten mitteldeutschen Bergland. Diese Pilzart ist auf Waldbestände mit einer sehr langen Totholztradition angewiesen, d.h. auf ein kontinuierliches, zeitlich unbegrenztes Angebot von stark dimensioniertem Totholz, welches sich letztlich nur unter Urwaldbedingungen entwickeln kann. Um solchen Naturwald-Zeigerarten günstige Lebensbedingungen bieten zu können, sollten nach Expertenmeinung Totholzmengen von mindestens 40–60 m^3/ha zur Verfügung stehen. Absolute Spezialisten bevorzugen dagegen hektarbezogene Mengen ab 100 m^3 aufwärts.

Eine zweite wichtige Gruppe von Organismen, die auf uralte Wälder mit ausreichend großen Totholzmengen angewiesen sind, sind die holzbewohnenden Käfer. Welche Bedeutung solche Waldbestände für die Sicherung der Artenvielfalt haben, zeigte eine gezielte Untersuchung der Käferfauna am „Ringelsberg" im nördlichen Teil des Nationalparks. Allein dort wurden insgesamt 268 Käferarten, darunter 166 Holzkäfer- und 69 Rote-Liste-Arten nachgewiesen. Eine Reihe von Käferarten kann nur unter Urwaldbedingungen existieren, weshalb Experten sie als „Urwaldreliktarten" einstufen, deren Vorkommen in

Substratgilde	Artname	Gefährdungsgrad
Mulmhöhlenbesiedler	Kardinalroter Schnellkäfer (*Ampedus cardinalis*)	vom Aussterben bedroht
	Fontainebleu-Schnellkäfer (*Ampedus brunnicornis*)	vom Aussterben bedroht
	Feuerschmied (*Elater ferrugineus*)	stark gefährdet
	Rosenhauers Mulmschnellkäfer (*Crepidophorus mutilatus*)	stark gefährdet
	Rheinischer Schmal-Pflanzenkäfer (*Allecula rhenana*)	stark gefährdet
	Eremit (*Osmoderma eremita*)	stark gefährdet
	Eichen-Schimmelkäfer (*Cryptophagus quercinus*)	vom Aussterben bedroht
	Mattschwarzer Schnellkäfer (*Megapenthes lugens*)	vom Aussterben bedroht
Mulmhöhlenbesiedler an Stammfüßen	Bluthals-Schnellkäfer (*Ischnodes sanguinicollis*)	vom Aussterben bedroht
	Veilchenblauer Wurzelhalsschnellkäfer (*Limoniscus violaceus*)	vom Aussterben bedroht
Besiedler von Holzpilzen	Zehnfleckiger Buntfleck-Baumschwammkäfer (*Mycetophagus decempunctatus*)	vom Aussterben bedroht
Altholzbesiedler	Panzers Wespenbock (*Necydalis ulmi*)	vom Aussterben bedroht
	Narbiger Schienen-Saftkäfer (*Oxylaemus variolosus*)	vom Aussterben bedroht
	Rotflügeliger Halsbock (*Styctoleptura erythroptera*)	vom Aussterben bedroht

Urwaldrelikt-Käferarten im Nationalpark Kellerwald-Edersee (nach Angaben des Nationalparkamtes Kellerwald-Edersee (Stand: 2015), Schaffrath 1999).

Der Veilchenblaue Wurzelhals-Schnellkäfer ist auf Mulmhöhlen mit Bodenkontakt angewiesen (links oben). Der Bluthals-Schnellkäfer liebt nasse Mulmhöhlen (links unten). Der Eremit lebt im Mulm großer Baumhöhlen (rechts oben; Fotos: Franz Rahn). Der Balkenschröter – ein guter Indikator für die Habitatqualität in Buchenwäldern (rechts Mitte). „Kolonie" des Kerbhalsigen Baumschwamm-Schwarzkäfers (rechts unten; Fotos: Klaus Bogon).

„Wenn's mulmig wird"

Mulmhöhlen sind ein typisches Strukturmerkmal besonders alter und reifer Wälder (Foto: Ralf Kubosch).

Zu den seltensten Habitaten im deutschen Wirtschaftswald zählen große Mulmhöhlen in meist noch lebenden Bäumen. So liegt nach Untersuchungen in Nordbayern die Mulmhöhlendichte in Wirtschaftswäldern bei gerade drei Mulmhöhlenbäumen je 1.000 ha Waldfläche. Gleichsam sind sie eine Schatzkammer der Artenvielfalt, vor allem für seltene, Naturnähe anzeigende Arten. Die Höhlen weisen ein Maximum an ökologischen Nischen auf und bieten im geschützten Bauminneren über oft sehr lange Zeiträume hinweg relativ stabile Lebensbedingungen, auf die vor allem Käfer mit langen Larvalstadien angewiesen sind. Dazu zählt zum Beispiel der Eremit, dessen Larven bis zu sechs Jahre im Mulmkörper überdauern.

Daneben stellt sich in den Höhlen eine eigene Lebensgemeinschaft von Prädatoren, Parasiten und Substratverwertern ein, die sich auf bestimmte Mulmhöhlenbesiedler bzw. deren Ausscheidungen spezialisiert haben. Großhöhlen in lebenden Bäumen können auf verschiedene Weise entstehen, z. B. durch das Anlegen von Bruthöhlen (Spechte), durch abbrechende Starkäste („Zwiesel-Abrisse"), Kronenbrüche bzw. in Astlöchern oder durch sonstige Stammverletzungen, in die Pilzmyzelien und Insekten schnell eindringen und die „Initialphase" der Höhlenbildung einleiten können. Weitere holzzersetzende Pilze und Bakterien fördern die Hohlraumbildung. Am Boden der Höhlung sammeln sich fein zernagte Holzbestandteile, der Kot der Höhlenbewohner und ihre Kadaver, der sogenannte Detritus. Mit fortschreitender Höhlensukzession bzw. mit steigendem Zersetzungsgrad des Mulmkörpers erhöht sich auch das Substratangebot für holzbewohnende Käferarten. Steht die Baumhöhle im Kontakt mit dem Waldboden, bilden sich spezielle Habitateigenschaften heraus, die wiederum die Artenvielfalt erhöhen.

Zu einem ganz speziellen Höhlentyp zählt die sogenannte Phytothelme, eine sich mit Regenwasser füllende Baumhöhle, die ganz besondere Anforderungen an ihre potenziellen Bewohner stellt. Um in dem sauerstoffarmen Stauwasser der Höhle überleben zu können, sind zum Beispiel die Larven von hummelähnlichen Schwebfliegen mit einem ausfahrbaren Atemrohr ausgestattet, mit dem sie die Luft oberhalb der Wasseroberfläche einsaugen.

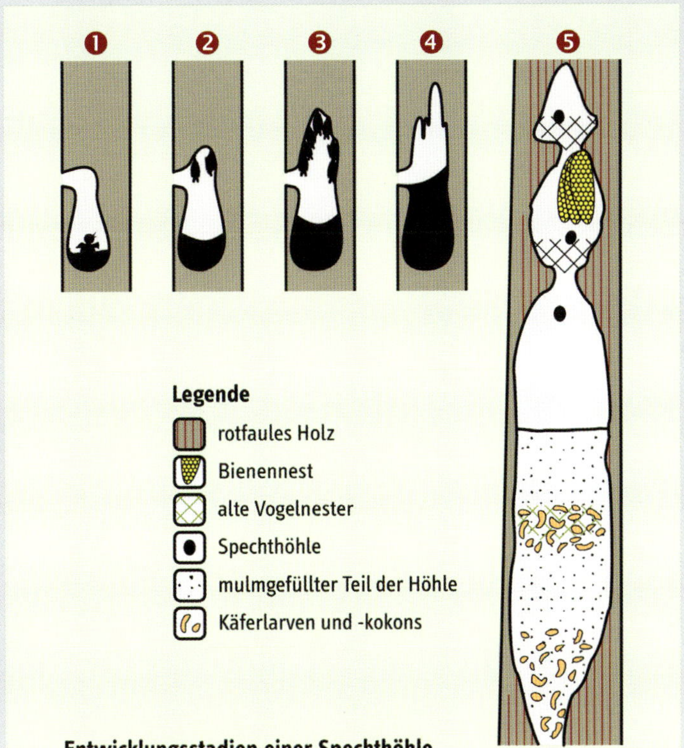

Entwicklungsstadien einer Spechthöhle

❶ der Specht brütet in der frisch gezimmerten Höhle

❷ – ❹ die Höhle fault aus, sie dient als Quartier für zahlreiche „Nachmieter" (z.B. Fledermäuse, Hohltaube, Marder)

❺ im Lauf vieler Jahre ist ein mehrere Meter langer Hohlraum entstanden, der bis zum völligen Zerfall als Refugium für zahlreiche seltene Kleintierarten dient (z.B. Honigbiene, Rosenkäfer)

Mulmhöhlen entstehen über einen Zeitraum von vielen Jahrzehnten aufgrund von Zersetzungsprozessen. Die Grafik zeigt die unterschiedlichen Stadien der Mulmhöhlenbildung (Quelle: Grafikvorlage aus: Brechtel, Fritz „Alt- und Totholz – voller Leben", Naturschutz bei uns 2/1992, S. 1–49 [verändert]).

Aufrecht sterbender Buchenstamm am „Arensberg" (Foto: Ralf Kubosch).

Deutschland meist nur noch auf einige wenige, isoliert liegende Waldbereiche beschränkt sind. Der Nationalpark Kellerwald-Edersee kann gleich 14 dieser außergewöhnlich seltenen Arten vorweisen.

Der wohl prominenteste Vertreter dieser extravaganten Käfergilde ist der Eremit oder Juchtenkäfer, der in Mulmhöhlen alter Buchen und Eichen lebt. Von den im Gebiet vorkommenden Urwaldreliktarten sind allein zehn vom Aussterben bedroht. Aus diesem Raritätenkabinett sind vor allem noch der Veilchenblaue Wurzelhalsschnellkäfer und der Bluthals-Schnellkäfer zu erwähnen, die beide ebenfalls als Mulmbewohner offene Höhlen im Stammfußbereich alter Buchen besiedeln. Acht weitere der im Gebiet vorkommenden Urwaldreliktarten sind auf solche im Nationalpark häufigen Mulmhöhlen angewiesen, aber vor allem in den Steilhangwäldern beiderseits des Edersees als relativ „häufig" zu bezeichnen. Die Entstehung mulmhaltiger Baumhöhlen nimmt oft Jahrzehnte in Anspruch, bis sie sich zu wahren Schatzkammern der Artenvielfalt entwickeln, und setzt somit also eine lange lückenlose Totholz- und Habitattradition voraus, die letztlich nur unter „Urwaldbedingungen" dauerhaft bestehen kann.

Zusammen mit den Vorkommen an den Steilhängen nördlich des Edersees bildet der Urwaldkäferbestand im Nationalpark Kellerwald-Edersee ein deutschlandweit einzigartiges „Diversitätszentrum" dieser bemerkenswerten Reliktfauna. Umso wichtiger ist es, dass diese wertvollen Steilhangwälder nördlich des Sees in die Kulisse des Nationalparks eingebunden werden.

Blick vom Hagenstein Richtung Kirchlotheim (Foto: Wolfgang Ewert).

Fledermaus, Wildkatze, Specht & Co.

Der Nationalpark Kellerwald-Edersee ist als Lebensraum für Tierarten prädestiniert, die große zusammenhängende, störungsarme und naturnahe Laubwaldkomplexe bevorzugen und speziell an alte totholzreiche Waldentwicklungsphasen gebunden sind. Derartige qualitativ hochwertige Biotopmerkmale sind in unserer intensiv genutzten, stark zerschnittenen Zivilisationslandschaft kaum noch vorhanden. Der Nationalpark fungiert somit als eine „Arche Noah" mit Rückzugs- und Regenerationsmöglichkeiten für Tierarten, die in der „normalen" Kulturlandschaft größtenteils stark in Bedrängnis geraten sind.
Der aktuell erhobene Gesamtartenbestand umfasst laut Nationalpark-Jahresbericht (2013–2015) rund 6.800 Arten, darunter rund 4.400 Tierarten. Im Folgenden soll ein Augenmerk auf die nationalparktypischen, vorwiegend wald- und holzbewohnenden Tierarten gelegt werden, insbesondere Waldvögel und Fledermäuse, deren Bestände gezielt untersucht wurden.

Der Mittelspecht steht auf rauborkige Baumrinden (Foto: Klaus Bogon).

Paradies für Spechte

Charaktervögel des Nationalparks sind sicherlich die sechs vorkommenden Spechtarten, darunter der eigentlich als „Eichen"-Specht geltende Mittelspecht (*Dendrocopos medius*) – erstaunlicherweise neben dem Buntspecht (*Dendrocopos major*) die häufigste Spechtart im Nationalpark. Anscheinend fühlt sich dieser Vogel auch in den über 200 Jahre alten ausgedehnten Buchenbeständen wohl, wenn die Rinde der Buchenstämme rissiger wird und das Nahrungsangebot dadurch zunimmt. Der Mittelspecht zählt zu den „Verantwortungsarten" Deutschlands, da sich ein hoher Anteil der Weltpopulation in Deutschland befindet. Ebenfalls bemerkenswert sind die Vorkommen des

Spechtbaum mit Zunderschwamm-Konsolen (Foto: Manfred Delpho).

Grauspechts (*Picus canus*), der eine überregional wichtige Leitart der Buchenwälder in den Mittelgebirgen darstellt. Weiterhin beherbergt der Nationalpark 80 Brutvogelarten, darunter Großbrüter wie Schwarzstorch (*Ciconia nigra*), Rot- und Schwarzmilan (*Milvus milvus, M. migrans*), Uhu (*Bubo bubo*) und Wespenbussard (*Pernis apivorus*) sowie – außer den bereits genannten Spechten – weitere Höhlen- und Halbhöhlenbrüter wie Hohltaube (*Columba oenas*), Trauerschnäpper (*Ficedula hypoleuca*) und Grauschnäpper (*Muscicapa striata*). Im Jahr 1997 gelang sogar der Nachweis des in Mitteleuropa seltenen Zwergschnäppers (*Ficedula parva*). Das Hauptbrutgebiet dieser Art befindet sich in Osteuropa und Sibirien, der Nationalpark liegt am Westrand dieses Verbreitungsareals.

Seite 106: Der Buntspecht – häufigster Specht im Nationalpark (links oben). Der Grauspecht – eine Leitart im Mittelgebirgs-Buchenwald (links unten). Die Hohltaube – in den Altbuchenbeständen des Nationalparks gut vertreten (rechts oben). Der scheue Schwarzstorch hat im abgelegenen Bärenbachtal sein Refugium (rechts unten; Fotos: Manfred Delpho).

Seite 107: Erkennbar am Gabelschwanz – der Rotmilan (oben). Der Uhu zählt zu den prominenten Großbrütern im Nationalpark (Mitte). Der Trauerschnäpper – ein Höhlenbrüter im Buchenwald (unten; Fotos: Manfred Delpho).

Das Große Mausohr – eine häufige Fledermausart im Nationalpark Kellerwald-Edersee (Foto: Klaus Bogon).

Im Reich der „Flattermäuse"

Zu den faszinierendsten Tieren zählen die Fledermäuse, die auf diesem Planeten bereits über 50 Millionen Jahre überlebt haben. Die Biologen Markus Dietz und Olaf Simon haben im Nationalpark Fledermäuse intensiv erforscht und bisher 18 der 24 in Deutschland vorkommenden Arten nachgewiesen. Der Nationalpark gilt als das – unter diesem Aspekt – wohl am gründlichsten untersuchte Großschutzgebiet Europas. Die systematische Inventarisierung der Fledermausvorkommen begann bereits im Jahr 2000. Netzfänge ergaben, dass das Große Mausohr (*Myotis myotis*), die Fransenfledermaus (*Myotis nattereri*) und das Braune Langohr (*Plecotus auritus*) zu den häufigsten Arten des Nationalparks zählen. Vor allem das Große Mausohr, mit einer Flügelspannweite von 40 cm die größte Fleder-

Das Braune Langohr ist an den bis 4 cm langen Ohren gut zu erkennen (Foto: Klaus Bogon).

Die Fransenfledermaus ernährt sich von Fliegen, Mücken und Spinnen (Foto: Klaus Bogon).

mausart Mitteleuropas, scheint im Nationalpark äußerst günstige Lebensbedingungen vorzufinden. Es jagt seine Beute, zumeist Laufkäfer, nahe über dem Waldboden in mittelalten bzw. alten, krautschichtarmen Buchenwäldern. Die Wochenstubenquartiere der Mausohren liegen allerdings alle außerhalb des Nationalparks in bis zu 16 km weit entfernten Gebäuden. Im Gegensatz zu den relativ langsam fliegenden Mausohren zählt der ebenfalls im Nationalpark vorkommende Große Abendsegler (*Nyctalus noctula*) zu den „Düsenjägern" unter den Fledermäusen. Sein Jagdgebiet ist der freie Luftraum über den Baumkronen.

Fledermäuse stellen aufgrund ihrer sehr differenzierten Lebensweise hohe Ansprüche an die Qualität ihres Lebensraumes. Während der Sommerzeit suchen sie tagsüber unterschiedliche Quartiere, z. B. Baumhöhlen, Stammspalten oder Rindentaschen, auf, die in hoher Zahl und guter räumlicher Verteilung verfügbar sein müssen. Da sich alle Fledermausarten von Insekten ernähren, wird die insektenarme, kalte Jahreszeit inaktiv im Winterschlaf verbracht. Ein wichtiges Überwinterungsquartier befindet sich in einem offenen, ca. 90 m langen Bergwerksstollen mitten im Nationalpark. Durch Lichtschrankenzählungen wurden dort in der Winterperiode 2007–2008 rund 600 überwinternde Einzeltiere registriert, wobei wiederum das Große Mausohr und die Fransenfledermaus zu den häufigsten Arten zählten.

Deutlich seltener kommt die Bechsteinfledermaus (*Myotis bechsteinii*) im Nationalpark vor. Bislang wurde nur eine Wochenstubenkolonie mit ca. 50 Einzeltieren nachgewiesen. Vorkommen der Mopsfledermaus (*Barbastella barbastellus*) sowie der Nymphenfledermaus (*Myotis alcathoe*) wurden inzwischen bestätigt. Die letztgenannte, zur Gattung der Mausohren zählende Spezies ist aufgrund von genetischen Merkmalen erst seit dem Jahr 2001 als eigenständige Art anerkannt.

Es konnte ebenfalls gezeigt werden, dass alle Fledermäuse auf Altwälder mit Höhlen- und Spaltenbäumen angewiesen sind. Die durchschnittliche Baumhöhlendichte auf den Probeflächen lag laut Forschungsbericht bei etwa zwölf Höhlen pro Hektar. Die im Wald jagenden Arten bevorzu-

gen vornehmlich ältere Buchenbestände mit weitgehend geschlossenem Kronendach. Fatal wirkt sich daher die Schirmschlagnutzung in den Wirtschaftswäldern außerhalb des Nationalparks aus, bei der Altbaumbestände so stark aufgelichtet werden, dass Fledermäuse kaum noch geeignete Quartierbäume und Jagdhabitate vorfinden. Eine weitere bundesweit aktuelle Bedrohung stellen Windkraftanlagen dar. Experten schätzen, dass Jahr für Jahr deutschlandweit bis zu 240.000 Fledermäuse den Rotorblättern zum Opfer fallen.

Von Wölfen und anderen großen Tieren

Im Gegensatz zu den in der Regel sehr heimlich lebenden – weil in der Regel dämmerungsaktiven – Flugsäugern sind die Spuren der Großsäuger im Nationalpark fast überall gegenwärtig. Zu diesen zählt vor allem das größte Säugetier des Nationalparks: der Rothirsch (*Cervus elaphus*). Ein beeindruckendes Naturschauspiel bietet der Park alljährlich im Herbst zur Brunftzeit, wenn der Platzhirsch mit seinem aufdringlichen, weit hörbaren „Röhren" in den frühen Abend- oder Morgenstunden auf sich aufmerksam macht. Neben den Beständen von Reh- und Schwarzwild (*Capreolus capreolus, Sus scrofa*) kommen zudem noch Muffel- und Damwild (*Ovis ammon musimon, Dama dama*) als „Erbe" des ehemaligen Wildgatters im Nationalpark vor.

Ohne eine scharfe Regulierung der bislang „künstlich" erhöhten Schalenwildpopulationen wäre die natürliche Regeneration der Baumbestände auf großer Fläche gefährdet. Deshalb ist die Nationalparkverwaltung bestrebt, zumindest den Bestand der Mufflons, eine ursprünglich auf Korsika und Sardinien heimische Wildschafart, komplett aufzulösen. Da in der Welterbe-Kernzone des Nationalparks jeglicher menschlicher Eingriff im Sinne des Kriteriums

„König der Wälder" – der Rothirsch. Mit einem Körpergewicht von 250 kg ist er das größte heimische Wildtier im Nationalpark (Foto: Manfred Delpho).

Seite 110: Die heile Bambi-Welt kann nicht darüber hinwegtäuschen, dass der Rehwildbestand im Nationalpark stark reguliert werden muss (oben). Vom Wild verbissene Buchenverjüngung (unten; Fotos: Manfred Delpho).

Ein Problembär der besonderen Art – der aus Nordamerika stammende Waschbär (Foto: Manfred Delpho).

Ein heimlicher Beutegreifer – der Luchs (Foto: Manfred Delpho).

„Unversehrtheit" untersagt ist, wurde die Wildtierbejagung weitgehend in die Randbereiche des Nationalparks verlagert.

Eine kaum zu „regulierende" Tierart ist der Waschbär (*Procyon lotor*), der sich, ursprünglich aus Nordamerika stammend, mittlerweile in fast ganz Deutschland ausgebreitet hat. Der erfolgreiche Eroberungszug des zur Familie der Kleinbären zählenden „Nordamerikaners" startete bereits 1934 recht dubios auf einer Waldfläche östlich des „Arensbergs" im heutigen Nationalpark. Ein ehrgeiziger Forstmeister hatte damals zwei Waschbärenpärchen ausgesetzt, obwohl zu diesem Zeitpunkt dafür keine Genehmigung der aufsichtführenden Behörde vorlag und Experten von einer Auswilderung vehement abrieten. Im Nachhinein wurde die „Panne" damit begründet, dass der Waschbär ja durchaus eine „jagdliche Bereicherung" darstellen könne. Diese „Begründung" reichte aus, um das Tier sogar unter Naturschutz zu stellen. Die unkontrollierte Populationsentwicklung hat mittlerweile zu einer fast explosionsartigen Ausbreitung der Art geführt. Zwischenzeitlich wurde der Schutzstatus des Waschbärs aufgehoben und die Tierart kann nahezu überall ganzjährig bejagt werden. In der Jagdsaison 2014–2015 wurden in Deutschland nach Angaben des Deutschen Jagdverbands rund 116.000 Waschbären getötet, ohne dass der Abschuss zu einem merklichen Bestandsrückgang geführt hätte. Der Waschbär hat aufgrund seiner weitgehend nachtaktiven Lebensweise kaum natürliche Fressfeinde.

Die historische Wolfsgrube im „Ruhlauber“ (Foto: Manfred Delpho).

Von der Gruppe der größeren Beutegreifer sind im Nationalpark (und in seinem Umfeld) nur noch Luchs (*Lynx lynx*) und Wildkatze (*Felis silvestis*) übriggeblieben. Mit Hilfe von mit Baldrianduftstoff getränkten Lockstöcken gelang im Winter 2006–2007 erstmalig der wissenschaftlich abgesicherte, genetische Nachweis eines Wildkatzenvorkommens im Nationalpark. Seither wurden durch verbesserte Untersuchungsmethoden insgesamt 21 Katzen nachgewiesen. Seit sich um die Jahrtausendwende auch wieder Wölfe im Osten Deutschlands angesiedelt haben und neuerdings verstärkt nach Westen drängen, gibt es berechtigte Hoffnung, dass „Isegrim“ auch den Kellerwald erreicht. Ein Einzeltier ließ sich bereits im Frühjahr 2017 nördlich des Edersees blicken. Dass der Wolf (*Canis lupus*) die Wälder im heutigen Nationalpark bereits weit vor dem 19. Jahrhundert besiedelt hatte, wird durch die Existenz einer Fanggrube historisch belegt. Diese „Wolfskaute“, auch „Gaulloch“ genannt, liegt im „Ruhlauber“ in der Nähe der ehemaligen hessisch-waldeckischen Grenze, markiert durch einen noch gut erhaltenen Grenzstein mit der Jahreszahl 1821. In einer Grenzbeschreibung aus dem Jahr 1749 wird die Fanggrube erstmalig erwähnt. An der Grube, die man über die „Dreiherrenstein-Route“ erreicht, befindet sich eine Informationstafel. Als der Buchenbestand am Forstort „Ruhlauber“ um das Jahr 1830 begründet wurde, waren die Wölfe im Kellerwald bereits ausgerottet.

Was es sonst noch zu entdecken gibt

Der Nationalpark Kellerwald-Edersee beherbergt neben den dominanten, natürlichen Waldgesellschaften noch eine Reihe weiterer, größtenteils waldfreie, stark kulturlandschaftlich geprägte, gleichwohl aber ebenso erhaltungswürdige Lebensräume, zu denen nachfolgend ein kurzer Überblick gegeben wird.

Zu den durch regelmäßige Mahd- oder Weidenutzung beeinflussten Biotopen zählen die Fett- und Feuchtwiesen, die pflanzensoziologisch in der Klasse „Grünlandgesellschaften" (Molinio-Arrhenatheretea) zusammengefasst werden. Im Nationalpark werden diese das Kulturgrünland charakterisierenden Pflanzengesellschaften durch Nasswiesen (Calthion), Glatthaferwiesen (Arrhenatherion elatioris) sowie durch eine magere Variante der Frischwiesen, die Rotschwingel-Rotstraußgraswiesen (*Festuca rubra-Agrostis tenuis*-Gesellschaft), vertreten.

In die Klasse der Borstgrasgesellschaften (Nardo-Callunetea) sind hingegen die im Nationalpark vorkommenden, oft eng miteinander verzahnten Borstgrasrasen (Nardetalia) und Zwergstrauchheiden (Vaccinio-Uliceta-lia) einzuordnen. Für das Schiefergebirge typisch sind die Heidenelken-Magerrasen, die pflanzensoziologisch den Borstgrasrasen nahestehen.

Natürliche, waldfreie Lebensräume sind die Felsbandgesellschaften (Sedo-Scleranthetea) mit den Blauschwingel-Felsrasen (Seslerio-Festucion pallescentis), in deren verschiedenen Ausprägungen stets die Pfingstnelke (*Dianthus gratianopolitanus*) vertreten ist.

Ein altes Kulturlandschaftsrelikt: Die Zwergstrauchheide bei Altenlotheim (Foto: Manfred Delpho).

Pfingstnelken-Felsfluren

Neben den ausgedehnten Naturerbewäldern mit der Charakterbaumart Rotbuche gibt es im Nationalparkgebiet noch ein weiteres, kostbares Juwel: Die Pfingst- oder Felsennelke. Mit ihren leuchtend roten, knopfförmigen Blüten, die etwa in der Zeit von Ende Mai bis Mitte Juni erscheinen, zählt sie zu den auffälligsten Pflanzen im Nationalpark. Hauptsächlich am Südwesthang des „Bloßenbergs" oberhalb der Banfebucht sowie am „Daudenberg" befindet sich der größte Pfingstnelkenbestand nicht nur innerhalb des Nationalparks, sondern auch innerhalb Hessens. Im Kellerwald wurden die Vorkommen durch Kartierungen des Siegener Biologen Ralf Kubosch systematisch erfasst. Der weltweite Bestand beschränkt sich in mehreren Teilarealen auf Mitteleuropa, wovon allein Deutschland rund 60 % der Weltpopulation beherbergt. Allerdings sind die einzelnen Vorkommen sehr klein und weit verstreut; die Bestände

Seite 116: Mit ihrem auffälligen Blütenflor zählt die Pfingstnelke zu den herausragenden, botanischen Kostbarkeiten des Nationalparks (Foto oben links: Klaus Bogon; oben rechts: Ralf Kubosch; unten: Manfred Delpho).

im Nationalpark liegen an der nördlichen Grenze des Verbreitungsareals. Im Rahmen eines seit einigen Jahren laufenden Forschungsprojekts der Universität Heidelberg fand man heraus, dass sich die deutschen Pfingstnelkenvorkommen in mindestens zwei genetisch getrennte Sippen aufteilen lassen: In eine vornehmlich auf bodensauren Standorten wachsende sogenannte „Silikat"-Sippe, zu der die Vorkommen in Hessen (und Tschechien) gehören, sowie in eine „Kalk"-Sippe, die im südwestdeutschen Raum verbreitet ist.

Die heutigen Wuchsorte der Pfingstnelke werden als „Relikte" eines ursprünglich wohl sehr viel größeren Areals gedeutet, das vermutlich schon in wärmeren und trockeneren Phasen des Pleistozäns existierte. Unter den heutigen, gemäßigten Klimabedingungen kann die Art nur noch

Häufiger Kleinfarn im Fels – der Tüpfelfarn, im Volksmund auch Engelsüß genannt (links; Foto: Norbert Panek). Früchte der Felsen-Mispel (rechts; Foto: Klaus Bogon).

In einem viel beachteten, nicht ganz ungefährlichen „Drahtseil-Akt" wurden an den Steilhängen des „Bloßenbergs" mehrere hundert Kiefern fachgerecht und bodenschonend per Helikopter entfernt, um der Pfingstnelkenpopulation mehr Licht zu verschaffen (Fotos: Ralf Kubosch).

punktuell auf licht- und wärmebegünstigten Felsstandorten überleben.

Tatsächlich ist die polsterwüchsige Pfingstnelke vor allem mit ihren nur nadelgroßen, gegen Verdunstung geschützten Blättern an starke Besonnung, extreme Trockenheit und Temperaturschwankungen angepasst – ein wahrer Überlebenskünstler im Fels. Als Begleitvegetation kommen neben den typischen Felsbandrasen, die von der Pfingstnelke besetzt werden, regelmäßig auch Mosaike aus Felsspaltengesellschaften mit Kleinfarnen, wie Nordischer Streifenfarn (*Asplenium septentrionale*), Grusfluren, trockenwarmen Säumen und Gebüschkomplexen vor, in denen die seltene Felsen-Mispel (*Cotoneaster integerrimus*) wächst.

Die Pfingstnelke ist Bestandteil einer vom Bundesamt für Naturschutz aufgestellten Liste von 15 Pflanzenarten, für deren Schutz Deutschland eine besondere, internationale Verantwortung trägt. Zu diesen sogenannten „Verantwortungsarten" zählen im Übrigen auch Breitblättriges Knabenkraut (*Dactylorhiza majalis*) und Arnika (*Arnica montana*), die ebenfalls im Nationalpark Kellerwald-Edersee vorkommen.

In der Vergangenheit waren die urwüchsigen, wenig ausbreitungsfähigen Pfingstnelkenstandorte im Nationalpark durch Kiefernanpflanzungen stark gefährdet. In den Jahren 2011 und 2014 wurden in einer aufwendigen Aktion am „Bloßenberg" rund 600 Kiefern gefällt und per Drahtseil mit einem Helikopter schwebend abtransportiert. Diese Maßnahme hatte bundesweites Aufsehen erregt.

Für ihren Schutz trägt Deutschland internationale Verantwortung: Breitblättriges Knabenkraut (oben) und Arnika oder Berg-Wohlverleih (unten; Fotos: Manfred Delpho).

Wertvolle, artenreiche Grünlandgesellschaften prägen die Talgründe im Nationalpark Kellerwald-Edersee (Foto: Klaus Bogon).

Waldwiesen und Driescher

Etwa 5 % der Nationalparkfläche sind laut Nationalparkplan durch waldfreie Offenlandbiotope gekennzeichnet. Dazu zählen vor allem die langestreckten, das Gebiet gliedernden Waldwiesentäler und die Magerrasen- und Heideflächen als Zeugnisse der „historischen" Kulturlandschaft. Vor allem die letztgenannten Biotope sind sichtbare Überreste der Siedlungsversuche im 15. Jahrhundert, die ehemalige, als Hutung genutzte Wüstungsfluren markieren. Die Offenländer werden hauptsächlich durch typische Grünlandgesellschaften geprägt. Dabei handelt es sich um Rotschwingel-Straußgraswiesen auf mageren, mäßig trockenen Standorten, Glatthaferwiesen, die frische Auenstandorte bevorzugen, Feucht- und Nasswiesen sowie Klein- bzw. Großseggensümpfe auf nassen Stellen in den

Wiesenstück mit Arnika und Rundblättriger Glockenblume (links; Foto: Klaus Bogon). Die Kuckucks-Lichtnelke mag es feucht (Mitte). Magersüchtig – das Gemeine Katzenpfötchen (rechts; beide Fotos: Manfred Delpho).

Talgründen der Banfe, des Keßbaches, der Großen Küche und des Bärenbaches.

Kennzeichnend für diese nur extensiv genutzten, teilweise verbrachenden Grünlandbiotope ist neben den charakteristischen Gras- und Seggenarten eine breite Palette an bunten Blütenpflanzen wie z. B. Wiesen-Bocksbart (*Tragopogon pratensis*), Margerite (*Leucanthemum vulgare*), Acker-Witwenblume (*Knautia arvensis*) sowie Echtes Labkraut (*Galium verum*) und Rundblättrige Glockenblume (*Campanula rotundifolia*) auf mageren Standorten, Sumpfdotterblume (*Caltha palustris*), Kuckucks-Lichtnelke (*Lychnis flos-cuculi*) und Schmalblättriges Wollgras (*Eriophorum angustifolium*) auf sehr feuchten Standorten. Bemerkenswert sind auch die Vorkommen des Männlichen und Gefleckten Knabenkrauts (*Orchis mascula, Dactylorhiza maculata*) sowie des Breitblättrigen Knabenkrauts. Die genannten Flächen sind von hohem naturschutzfachlichem Wert, weswegen sie als Teil der Nationalpark-Pflegezone auch weiterhin extensiv bewirtschaftet werden, überwiegend als Mähwiesen, die ein- oder zweimal im Jahr gemäht werden. Artenreiche Grünländer zählen außerhalb des Nationalparks zu den mittlerweile stark gefährdeten Lebensräumen, die durch die verbreitete, landwirtschaftliche Intensivnutzung und den damit verbundenen Dünger- und Pestizideinsatz immer mehr in Bedrängnis kommen.

Sehr magere Rotschwingel-Straußgraswiesen können eng mit den Borstgrasrasen verzahnt sein, die wiederum vegetationskundlich, wie bereits erwähnt, eng mit den boden-

Alte Hutelandschaft mit Wacholderbüschen am „Fahrentriesch" (Foto: Ralf Kubosch).

Silikat-Magerrasen mit Heidenelke, Feld-Thymian und Färberginster an der „Koppe" bei Altenlotheim (Foto: Norbert Panek).

Seite 123: Borstgras (oben links), mit Beeren behangener Wacholderzweig (oben Mitte) und Sporenträger der Echten Mondraute – ein Urweltfarn (oben rechts; Fotos: Ralf Kubosch). Wald-Läusekraut, Färberginster (unten links; Foto: Ralf Kubosch) und Blüten der Heidenelke (unten rechts; Foto: Norbert Panek).

sauren Silikat-Magerrasen verwandt sind. Sie alle mögen es in der Regel sauer, nährstoffarm und flachgründig. Eine jahrhundertelange Beweidung hat diese Standorte extrem ausgezehrt. Stellenweise kommen Heidekraut (*Calluna vulgaris*) und Wacholderbüsche (*Juniperus communis*) vor. Solche Zwergstrauchheiden wurden in früheren Zeiten gelegentlich gehackt („geplaggt"), wodurch sich die Heide regenerieren konnte. Das gehäckselte Heidekraut wurde als Stalleinstreu verwendet. Das beste Anschauungsbeispiel dieses außergewöhnlichen Komplexes aus Rotschwingel-Straußgras-, Mager- und Borstgrasrasen sowie Heideresten bieten der „Fahrentriesch" und die „Koppe" mit ihren ausgedehnten Grusfluren bei Altenlotheim. Die Bezeichnung „Triesch" oder „Driesch" (auch „Dreesch") stammt aus dem Mittelalter und bedeutet so viel wie „grasbewachsene, beweidete (vorübergehend auch im Feld-Gras-Wechsel genutzte) Fläche". Neben dem „Fahrentriesch" trifft man im Nationalpark auch auf den Appenrods-, Damen- und Heiligenstocktriesch sowie den Tannendriesch (bei Gellershausen).

Das Altenlotheimer „Wacholdermännchen" lädt zum Heideblütenfest (Foto: Manfred Delpho).

Die eng mit der Kulturgeschichte des Gebiets verquickten Magerbiotope sind oft artenreich. Charakteristisch für die Magerrasen im Kellerwald ist vor allem die auffällig purpur blühende Heidenelke (*Dianthus deltoides*). Weitere typische Vertreter sind: Frühlings-Fingerkraut (*Potentilla neumanniana*), Feld-Thymian (*Thymus pulegioides*), Berg-Sandglöckchen (*Jasione montana*) und Färberginster (*Genista tinctoria*). Borstgrasrasen sind im Nationalpark laut Forschungsbericht (2015) gleich in mehreren unterschiedlichen Standortvarianten anzutreffen. Bemerkenswerte Arten sind neben dem charakteristischen Borstgras (*Nardus stricta*) das Harzer Labkraut (*Galium saxatile*), Gewöhnliches Kreuzblümchen (*Polygala vulgaris*), Gemeines Katzenpfötchen (*Antennaria dioica*), Wald-Läusekraut (*Pedicularis sylvatica*), Arnika und Deutscher Ginster (*Genista germanica*). Eine Seltenheit ist die im Gebiet erstmals im Jahr 2001 nachgewiesene Mondraute (*Botrychium lunaria*). Unter der Regie der Nationalparkverwaltung werden die Heideflächen heute hauptsächlich mit Schafen beweidet, weil dies kostengünstig ist und auch der althergebrachten Nutzung entspricht.

Magerrasen und Heiden entfalten vor allem in den Hochsommermonaten eine wahre Blütenpracht. Dann sollte man es nicht versäumen, vor allem die alten Hutelandschaften „Koppe" und „Fahrentriesch" in der Nähe des Dorfes Altenlotheim zu besuchen. Dort veranstaltet die Nationalparkverwaltung alljährlich im August ein Heideblütenfest.

Quellfluren und Bäche

Neben landschaftsprägenden Wäldern ist der Nationalpark durch eine Vielzahl kleiner Quellbäche gekennzeichnet, die überwiegend in die Eder (Edersee) entwässern. Bei den meisten im Gebiet liegenden, über 800 Quellaustritten handelt es sich um Sicker- und Sumpfquellen. Geologisch bedingt, liegen die stauenden Schichten relativ oberflächennah, was dazu führen kann, dass viele Quellen im Lauf der Sommermonate versiegen und die Bäche kaum noch Wasser führen. Eine kleine Sturzquelle befindet sich am Südwest-Abhang des „Dicken Kopfes". Manche Quellen zeigen an ihrer Austrittsstelle eine eigentümliche, rostig anmutende Braunfärbung, was auf stark mit Eisen angereichertes Quellwasser zurückzuführen ist. Der beim Quellaustritt aufgenommene Luftsauerstoff bewirkt, dass das gelöste Eisen im Wasser als „Eisenocker" (Eisenhydroxid) ausgeschieden wird, der die Bodenoberfläche im Quellbereich mit einem rostbraunen, zum Teil gelartigen Niederschlag überzieht.

Der Bärenbach im Nationalpark Kellerwald-Edersee (Foto: Ralf Kubosch).

An einer heute streng geschützten Quelle im Osten des Nationalparks tritt kalkreiches Wasser aus, was für den ansonsten durchweg sauren, kalkarmen Gebirgsuntergrund im Nationalpark sehr ungewöhnlich ist. An dieser Quelle haben sich kleine Kalksinterterrassen gebildet und als charakteristische Pflanze dieses Quelltyps kommen dort kalkverkrustete Polster des Starknervmooses (*Cratoneuron* spec.) vor.

Als Leitarten der Vegetation im Bereich der überwiegend verbreiteten Silikatquellen sind das Gegenblättrige Milzkraut (*Chrysosplenium oppositifolium*), das Bittere Schaumkraut (*Cardamine amara*), Quellkraut (*Montia fontana*), Winkelsegge (*Carex remota*), Sumpf-Weidenröschen (*Epilobium palustre*) sowie die Bach-Bunge (*Veronica beccabunga*) zu nennen. In einzelnen Fällen können größere, flächige, in der Regel seggen-, binsen- und teilweise orchideenreiche Quellsümpfe auftreten.

Die Quellen im Nationalpark stellen zudem letzte Rückzugsgebiete für hochgradig gefährdete Tierarten dar. Charakteristische Zeigerarten der nahezu unbelasteten Quellbereiche sind vor allem das Eiszeitrelikt, der bis 1,5 cm lange Alpenstrudelwurm (*Crenobia alpina*), der Grundwasserflohkrebs (*Niphargus* spec.) sowie die nur bis 2 mm große Quellschnecke *Bythinella dunkeri*.

Die Quellfäden und Bäche des Nationalparks weisen eine hohe Wasserqualität und eine gewässerdynamisch bedingte, hohe strukturelle Vielfalt auf. Bachbegradigungen wurden in der Vergangenheit abschnittsweise lediglich

Durch Eisenocker braun gefärbter Quellsumpf (links oben; Foto: Klaus Bogon). – Bachlauf der Großen Küche im Herzen des Nationalparks (links unten; Foto: Wolfgang Ewert). Blüten des Sumpf-Weidenröschens (rechts; Foto: Ralf Kubosch).

Seite 127: Teppich aus Gegenblättrigem Milzkraut (oben links). Relikt aus der Eiszeit – Dunkers Quellschnecke (oben rechts; beide Fotos: Klaus Bogon). Zweigestreifte Quelljungfer (Mitte links; Foto: Manfred Delpho). Der zu den größten heimischen Steinfliegen zählende Uferbold, Männchen und Weibchen kopulierend (Mitte rechts; Foto: Klaus Bogon). Der Feuersalamander sucht quellnahe Bachabschnitte auf, um dort seine Larven abzusetzen (unten links). In den Bächen des Nationalparks regelmäßig anzutreffen – die Groppe (unten rechts; beide Fotos: Manfred Delpho).

Kiementragende Larve des Feuersalamanders (Foto: Klaus Bogon).

Die Wasseramsel, im Bach auf Beute lauernd (Foto: Manfred Delpho).

im Bereich der landwirtschaftlich genutzten Talgründe vorgenommen. Verrohrungen im Bereich der ehemaligen Forstwege wurden gezielt beseitigt.

Insgesamt stellt das Fließgewässersystem im Nationalpark hinsichtlich seines gewässerökologischen Zustands eine weitere, im Landes- und Bundesvergleich herausragende Besonderheit dar. Dies wird durch die Vorkommen von Qualitätszeigern wie beispielsweise des Großen Uferbolds (*Perla marginata*), einer Steinfliegenart, oder einer im Bachschotter lebenden, in Hessen bis dato noch unentdeckt gebliebenen Wanzenart (*Cryptostemma alienum*) eindrucksvoll untermauert. Bemerkenswert ist zudem das dominante Auftreten der Gestreiften Quelljungfer (*Cordulegaster bidentata*), einer Libellenart. Die quellnahen Gewässerabschnitte sind bevorzugter Lebensraum der Larven des Feuersalamanders (*Salamandra salamandra*). Zur typischen Fischfauna der Nationalparkbäche zählen die Groppe (*Cottus gobio*) und die Bachforelle (*Salmo trutta*). Eine bachtypische Vogelart ist die Wasseramsel (*Cinglus cinglus*).

Seite 129: Nicht nur sauber, sondern rein – die Fließgewässersysteme im Nationalpark Kellerwald-Edersee (Foto: Manfred Delpho).

Waldwildnis erleben

Das Wanderwegenetz

Der Nationalpark Kellerwald-Edersee ist in vorbildlicher Weise durch ein attraktives Wanderwegenetz erschlossen. Insgesamt führen 24 Rundwanderrouten (Gesamtlänge 138 km) von 13 speziell eingerichteten, gut ausgeschilderten Wanderparkplätzen in das Schutzgebiet. Die Parkplätze sind mit informativen Hinweistafeln ausgestattet und die Wege jeweils mit einprägsamen Symbolen markiert. Zudem gibt es Info-Pavillons und an einigen Stellen Kanzeln für die Beobachtung von Rotwild.

Wanderfreunden, die lange Strecken mögen, ist der insgesamt 68 km lange „Urwaldsteig Edersee" wärmstens zu empfehlen. Eine besondere Attraktion ist die Standseilbahn, die die Besucher von Hemfurth auf eine Aussichtsplattform am „Peterskopf" bringt, wo sich zwei große beckenförmige Wasserspeicher befinden. Tief im Berg liegt in einer künstlich angelegten Kaverne eines der beiden Pumpspeicherwerke, die durch die Kraft des in Fallrohren abgeleiteten Wassers Strom erzeugen.

Außerdem verfügt der Nationalpark seit 2015 in Vöhl-Herzhausen über einen direkten Bahnanschluss mit fußläufiger Anbindung des NationalparkZentrums Kellerwald.

Standseilbahn am „Peterskopf" (oben; Foto: Manfred Delpho).

Nationalpark mit Bahnanschluss (unten; Foto: Norbert Panek).

Wanderroute „Traddelkopf“

Wanderparkplatz „Grillhütte“ bei Gellershausen – Traddelkopf – Bathildishütte

- Gesamtstrecke: 13 km
- Gehzeit: 3,5 Stunden

Überwiegend geschotterte, gut begehbare Wege; pfadähnlicher Weg ab „Traddelborn“ bis „Locheiche“.

Wissens- und Sehenswertes im Überblick

Der Weg führt am Südhang des „Traddelkopfes“ (höchste Erhebung im Nationalpark) zur historischen Wolfsgrube am „Ruhlauber“ und von dort nach Norden zur Bathildishütte, ein Relikt des ehemaligen fürstlichen Hofjagdreviers.

Routenverlauf

Die Wanderung beginnt am **Wanderparkplatz „Grillhütte“** nördlich des Dorfes Gellershausen (Hinweisschilder!). Am Parkplatz befindet sich eine Infotafel sowie eine Sitzgruppe. Wir folgen dem **Symbol Specht**. Im Frühjahr erscheinen hier am Wegesrand die auffälligen Blüten des Buschwindröschens. Der Route nach bis zur Grenze des Nationalparks und dort der Richtungstafel mit dem Hinweis „Quernstkirche 4,6 km/Frankenauer Tor“ folgen. Der Weg führt ca. 500 m am Waldrand entlang. Eichenreiche Laubholz- bzw. mittelalte, totholzarme Buchenbestände prägen das Waldbild. Gehölzlücken gewähren ab und zu Ausblicke auf das nahe gelegene Dorf Gellershausen. Nach dem Aufstieg an der Südostflanke des „Traddelkopfes“ erreichen wir die mit 626 m höchste Erhebung im Nationalpark. Die Südhänge der Bergkuppe sind Bestandteil des UNESCO-Weltnaturerbegebiets. Wir passieren eine weitere Richtungstafel („Frankenauer Tor 1,1 km“) und erreichen ein großes Wegekreuz; rechts am Weg macht sich die Krone eines großen Bergahorns breit. Der Name „Ahornkopf“ weist auf das gehäufte Vorkommen dieser Baumart hin. Außerdem typisch für höhere Berglagen ist die Zwiebeltragende Zahnwurz, die in der Krautschicht zu finden ist. Unsere Route führt nach rechts (Norden) weiter mit dem Hinweis „Bathildishütte 2,1 km/Elisabethenplatz“. Versäumen Sie aber nicht einen kurzen Abstecher nach links (Süden) zu einer ehemaligen Wolfsgrube. Dort befindet sich auch ein alter Grenzstein des ehemaligen Fürstentums Waldeck aus dem Jahr 1821. Wir kehren zum Wegekreuz am „Ahornkopf“ zurück und wandern nach Norden weiter in Richtung Bathildishütte. Nach knapp einem Kilometer biegt der Weg nach rechts in die sogenannte „Ahorndelle“ ab, wo sich auf sickerfeuchtem Untergrund ein Edellaubholz-Pionierwald ausgebreitet hat. Im Frühjahr blühen dort Hohler Lerchensporn

Rest des alten historischen Wildgatters – ein Relikt des ehemaligen Hofjagdreviers der Waldecker Fürsten (Foto: Norbert Panek).

Uriger Buchenwald auf dem „Traddelkopf" (Foto: Wolfgang Ewert).

Kastanienblätter im Frühjahrsaspekt in der Nähe der Bathildishütte (Foto: Norbert Panek).

und Bingelkraut. Noch vor 20 Jahren konnte man von hier aus bis weit nach Norden auf die „Korbacher Hochfläche" blicken, heute versperrt ein hochgewachsener Jungwald die Aussicht. Nach einer weiteren Biegung führt der Weg durch ältere Buchenwälder, in denen sich durch Windwurf stellenweise beachtliche Totholzmengen angesammelt haben. Am Elisabethenplatz südwestlich des „Lingenkopf" (507 m) zeigt die Hinweistafel „Bathildishütte 0,3 km" die Richtung an. Wir durchqueren eine Windwurffläche und nach einigen Gehminuten erreichen wir die Hütte, die ein beliebter Rastplatz ist, um dort die Stille und Abgeschiedenheit dieses Ortes zu genießen. Zurück zum Elisabethenplatz folgen wir der Richtungstafel „Gellershausen 4,3 km/ Tannendriesch 3,6 km" sowie dem Specht-Symbol. Nach der Passage einer kleinen Talmulde mit Kastanienbäumen zweigt der Weg wenig später nach rechts ab (Hinweistafel „Gellershausen 4,1 km") und mündet in einen schmalen Pfad, der hangparallel an der Nordflanke der „Traddel" entlang führt. Wir passieren mehrere Quellfäden, die den Weg mitunter aufweichen, und erreichen einen größeren Laubholz-Windwurf westlich „Locheiche". Dort folgen wir der Richtungstafel „Gellershausen 3,2 km" und der Route Specht bis zum Endpunkt (Wanderparkplatz „Grillhütte").

Wanderroute „Daudenberg"

Wanderparkplatz „Kirchweg" – „Christianseck" – Daudenberg-Blockschutthalde – Fünfseenblick

- Gesamtstrecke: 6,5 km
- Gehzeit: 2,0 Stunden

Teils geschotterte, gut begehbare Wege, stellenweise auch Pfade und Steige („Urwaldsteig"), zumeist hangparallel geführt; nur schwache Steigungen.

Wissens- und Sehenswertes im Überblick

Die Route führt um den 465 Meter hohen Daudenberg, der an seiner Nordwestflanke sehr naturnah ausgeprägte, edellaubholzreiche Wälder und am Südhang eine der größten, offenen Blockschutthalden im nördlichen Teil des Naturraumes beherbergt.

Blick von der „Daudenberg"-Blockhalde (Foto: Norbert Panek).

Routenverlauf

Unsere Wanderung beginnt am **Wanderparkplatz „Kirchweg"** oberhalb des Dorfes Bringhausen. Im Ort folgen wir – links an der Kirche vorbei – dem Hinweisschild „Parkplatz Kirchweg". Von dort aus startet auch der 2014 eröffnete, von namhaften Land-Art-Künstlern gestaltete **„Warzenbeißer"-Kunstweg**.

Auf einem breiten Schotterweg, begleitet von einem blütenreichen Silikat-Magerrasensaum, geht es zunächst Richtung Süden, bis wir schon nach kurzer Zeit an ein Wegekreuz kommen. Dem Schild „Ausblick Christianseck" 0,5 km" und dem **Symbol Käfer** folgend, biegen wir nach weiteren 50 m in einen alten Forstweg nach links ab. Kurz danach führt uns ein Pfad nach rechts durch dichte Pionierwälder mit Birken und Weiden zum Aussichtspunkt „Christianseck". Ein Bankplatz lädt dort zum Rasten ein und ermöglicht Ausblicke auf die bewegte Topographie des Nationalparks. Auf den Hauptweg zurückgekehrt, wandern wir oberhalb des Keßbachtales durch ältere, teilweise heidelbeerreiche Buchenbestände mit Eichen, Hainbuchen, Lärchen und Kiefern. In einer Wegbiegung erreichen wir einen Felssporn, der den Blick auf die grandiose Waldlandschaft des Nationalparks freigibt. Nach kurzer Zeit steigt der Weg leicht an und passiert einen schmalen, tief eingekerbten Talgrund. Wir folgen dem **Symbol UE** (= Urwaldsteig Edersee). An den Flanken des Tälchens wachsen mächtige Buchen sowie dichte Teppiche mit dem nährstoffanzeigenden Bingelkraut. Auf schmalen Pfaden durchqueren wir anschließend an der Nordwest-Flanke des „Daudenbergs" einen urigen, teilweise schuttreichen Hangwald mit Vorkommen der Winterlinde und des Spitzahorns. Auch der Bergahorn, eher luftfeuchte Standorte bevorzugend, ist dort zu finden. Unterhalb des Weges blüht von Juni bis

Juli die Pfirsichblättrige Glockenblume, zudem im zeitigen Frühjahr Bingelkraut, Lerchensporn und Gelbes Buschwindröschen. Wenig später werden die Edellaubholzwälder durch teilweise sehr biotopholzreiche Buchenbestände abgelöst. Direkt am Weg steht ein Buchenstamm mit einer langen Blitzrinne. Solche natürlich geschädigten Bäume sind als Wohnquartiere für Fledermäuse sehr wichtig. Wir erreichen den stark zum Keßbachtal abfallenden Südhang des „Daudenbergs", an dem sich eine der imposantesten Blockschutthalden des Kellerwaldes befindet. Auf dem unteren Teil der Halde wurden Lärchen und Kiefern künstlich eingebracht, während die dort vorkommenden Buchen auf dem blockreichen Standort eher kümmerlich wachsen. Anschließend durchqueren wir einen jungen einförmigen Buchenbestand – übriggeblieben aus der ehemaligen forstlichen Nutzung – und erreichen schließlich eine Wegkreuzung. Wir folgen dem Schild „Daudenbergroute" und dem **Käfer-Symbol**, also scharf nach links auf den leicht ansteigenden, oberen Hangweg, der uns wieder zurück zur „Daudenberg"-Blockschutthalde führt. Nach ca. zehn Gehminuten ist die große, völlig vegetationsfreie Halde aus Grauwackenschutt erreicht. Solche Schutthalden gehören zu den urtümlichsten Landschaftselementen im Nationalpark, die sich seit der letzten Kaltzeit kaum verändert haben. Direkt am Weg findet man mitunter sehr grobkörnige Grauwacken-Sandsteinblöcke, sogenannte „Konglomerate". Sie sind Überbleibsel gewaltiger Schlammströme, die sich vor rund 320 Millionen Jahren in ein schmales Meeresbecken „ergossen" haben. Der am Weg stehende Pfosten markiert die Station 30 der Route „Urwaldsteig". Weiter geht es durch den Westhang des „Daudenbergs" durch sehr naturnahe buchen- und eichenreiche Waldbestände mit dem auffälligen, bodendeckenden Perlgras in der Krautschicht. Hinter der nächsten Biegung erreichen wir eine feuchte Hangmulde mit einem schönen Bestand alter Eschen. Ein Pfosten markiert die Station 31 der „Urwaldsteig"-Route.

Der Nationalpark ist durch markierte Wanderwege vorbildlich erschlossen (Foto: Norbert Panek).

Dort, wo der Weg durch ein Rinnsal ständig feucht gehalten wird, befindet sich hangwärts eine ehemalige Köhlerplatte. Der schwarz gefärbte, holzkohlenhaltige Waldboden ist ein untrügliches Erkennungszeichen. Nachdem wir die Hangmulde passiert haben, erreichen wir wenig später einen lichten, grasreichen Eichenbestand (Forstort „Eichecke") sowie eine kleine, sporadisch mit Wasser gefüllte Senke, die gern von Wildschweinen aufgesucht wird. Schließlich

verlassen wir den Nationalpark durch ein altes Gattertor und folgen am nächsten Wegekreuz dem Hinweis „Parkplatz Kirchweg". Nach Westen öffnet sich der Wald und wir genießen den „Fünfseenblick" mit exklusiver Sicht auf das Wahrzeichen der Region – Burgschloss Waldeck, hoch thronend über dem Edersee. Der geschotterte Waldrandweg führt direkt zum Ausgangspunkt unserer Wanderung.

Alle Wanderrouten werden auf der Homepage des Nationalparks (www.nationalpark-kellerwald-edersee.de) beworben. Zudem gibt es auch entsprechende Informationsfaltblätter mit Routenbeschreibungen, die in den Besuchereinrichtungen des Nationalparks erhältlich sind. Generell erfolgt die Benutzung der Wege auf eigene Gefahr. Es gilt ein Wegegebot. Der Weg vom Wanderparkplatz „Himmelsbreite" (bei Harbshausen) zur Aussichtsplattform am „Hagenstein" ist für Rollstuhlfahrer geeignet.
Der Nationalpark kann auf speziell markierten Wegen auch mit Fahrrädern erkundet werden (Tourenvorschläge unter www.nationalpark-kellerwald-edersee.de, E-Bike-Verleih im NationalparkZentrum Kellerwald in Herzhausen).

Biotopbaum mit Stammhöhlen an der Westflanke des „Daudenbergs" (Foto: Norbert Panek).

Seite 137: Die Wälder des Nationalparks im Wechsel der Jahreszeiten (Fotos: Manfred Delpho).

Das Wurzelwerk einer Buche klammert sich an den Schieferfels (Foto: Wolfgang Ewert).

Der Urwaldsteig führt Wanderer zu den urigsten Stellen entlang der Steilflanken des Edertales (Foto: Wolfgang Ewert).

Der Urwaldsteig Edersee

Auf einer Länge von rund 70 Kilometern erschließt der 2005 eröffnete „Urwaldsteig Edersee" alle naturnahen Laubwälder mit ihren seltenen Urwaldrelikten innerhalb und außerhalb des Nationalparks Kellerwald-Edersee. Der Steig ist als Rundroute konzipiert und kann in mehreren Tagesetappen erwandert werden. Abschnittsweise geht es über schmale, steinige Pfade. Eine gute Grundkondition und Trittsicherheit sind gefordert. Die landschaftlich schönsten Teilstrecken mit imposanten Ausblicken und beeindruckenden Waldbildern liegen zweifellos in den Steilhängen auf der nördlichen Seeseite.

Weitere Informationen: www.urwaldsteig-edersee.de

Einrichtungen im und am Nationalpark

Das 2008 eröffnete NationalparkZentrum bei Herzhausen (Foto: Norbert Panek).

Für Besucher erschlossen – das Außengelände am Informationszentrum (Foto: Norbert Panek).

Das NationalparkZentrum Kellerwald

Die zentrale Informationseinrichtung des Nationalparks Kellerwald-Edersee liegt direkt an der Bundesstraße 252 bei Vöhl-Herzhausen und wurde im Jahr 2008 der Öffentlichkeit übergeben. Der kreisförmige Grundriss des futuristisch wirkenden Gebäudes soll die Baumkronen eines Buchenwaldes symbolisieren. Die Ausstellung im NationalparkZentrum widmet sich ausgiebig dem Thema „Wildnis". Vier Erlebnisräume mit „UrSchätzen der Wildnis" sorgen für eine emotionale Einstimmung der Besucher. Im „WaldWerk" werden durch verschiedene interaktive Ausstellungselemente die „Geheimisse der Buchenwälder" präsentiert. In einem 4D-SinneKino begibt sich der Besucher filmisch auf einen Streifzug durch den Nationalpark. Regionale Köstlichkeiten kann man im Anschluss an den Rundgang im „GastRaum" genießen. Das 1,5 ha große Außengelände des NationalparkZentrums bietet zudem auch für kleine Besucher Möglichkeiten zum Spielen, Forschen und Entdecken.

Öffnungszeiten: April bis Oktober täglich von 9.00 bis 18.00 Uhr; November bis März nur dienstags bis samstags von 10.00 bis 16.30 Uhr, sonntags von 9.00 bis 16.30 Uhr.

Eingangsbereich am BuchenHaus bei Hemfurth, im Haus wird es interaktiv (Foto: Norbert Panek).

Die Besucher lernen im WildtierPark zahlreiche einheimische Wildtierarten kennen (Foto: Norbert Panek).

Das BuchenHaus und der WildtierPark

Der Gebäudekomplex am WildtierPark „Edersee" bei Edertal-Hemfurth öffnete im Jahr 2011 seine Pforten; angegliedert ist die WildnisSchule. Die Ausstellung im BuchenHaus soll zu einer interaktiven Beschäftigung mit Themen rund um das Welterbe der Buchenwälder verführen und ist unter den Stichworten „SchattenWald", „BoggelReich", „BodenSchau" und „NetzWerk" in einzelne thematische Segmente untergliedert. In der WildnisSchule können Kindergruppen bzw. Schulklassen (nach Voranmeldung) ihr erworbenes Wissen weiter vertiefen.
Im rund 70 ha großen WildtierPark, der bereits 1970 eingerichtet und seitdem ständig erweitert wurde, können die Besucher fast alle wichtigen heimischen Wildtierarten aus nächster Nähe betrachten. In einer Greifenwarte wird die Tradition der Falknerei gepflegt. Von März bis November finden täglich vor einer herrlichen Landschaftskulisse Flugschauen statt.

Öffnungszeiten (BuchenHaus und WildtierPark): Anfang Mai bis Ende Oktober täglich von 9.00 bis 18.00 Uhr; Anfang November bis Ende Februar von 11.00 bis 16.00 Uhr; Anfang März bis Ende April von 10.00 bis 18.00 Uhr.

Ein Erlebnis der besonderen Art – der Baumkronenweg führt in 30 m Höhe durch das Kronendach alter Buchen (Fotos: Ralf Kubosch).

Der Baumkronenweg Edersee („TreeTopWalk“) bei Rehbach

Auf dem als Halbinsel in den Edersee hineinragenden „Eschelberg“ bei Edertal-Rehbach befindet sich der im Jahr 2010 eingerichtete und rund 250 m lange Baumkronenpfad Edersee. Er führt bis in 30 m Höhe in die Baumwipfel eines alten Buchenbestands und erschließt den als Lebensraum nicht weniger interessanten Kronenbereich der Bäume mit herrlichen Ausblicken auf den nahegelegenen Edersee.

Öffnungszeiten: Im März täglich von 11.00 bis 17.00 Uhr; im April und Oktober täglich von 10.00 bis 18.00 Uhr; Mai bis September täglich von 10.00 bis 19.00 Uhr; ab November Sonderöffnungszeiten (www.baumkronenpfad.de).

Architektonisch gewagt – das Arche-Schiff (Infozentrum Kultur-Arche) (Foto: Norbert Panek).

Der Ausstellungsraum gibt informative Einblicke in die kulturlandschaftlichen Besonderheiten der Region (Foto: Norbert Panek).

Infozentrum Kultur-Arche in Frankenau

Auf Initiative der „Gesellschaft zur Erhaltung alter und gefährdeter Nutztierrassen" sowie der NABU Ortsgruppe Frankenau wurde die Kulturlandschaft rund um den Nationalpark 2014 zur ersten „Arche-Region" Hessens erklärt und mit dem Infozentrum eine weitere attraktive Besuchereinrichtung geschaffen. In der Ausstellung steht die biologische Vielfalt der Kulturlandschaft im Mittelpunkt. Für die Bewirtschaftung der umliegenden Grünländer werden hauptsächlich alte, zum Teil schon fast ausgestorbene Haustierrassen wie zum Beispiel das Hinterwälder Rind oder das Bentheimer Landschaf eingesetzt. Exemplarisch wird damit eine naturschutzkonforme Landnutzung demonstriert, die gleichzeitig auch einen sanften, erlebnisorientierten Tourismus fördern soll. Mit Bundes- und Landesmitteln werden die Maßnahmen seit 2009 als „Naturschutz-Großprojekt von gesamtstaatlicher repräsentativer Bedeutung" finanziell gefördert. Auf einem 7 km langen Arche-Erlebnispfad können Besucher die einmalig schöne, altbäuerlich geprägte Landschaft rund um Frankenau genießen (www.arche-region-kellerwald.de) und dabei einige alte Haustierrassen auf den Weideflächen im „Weidengrund" und am „Mittelberg" in Aktion erleben. Zudem begleiten Infotafeln den Wanderpfad.

Öffnungszeiten (Infozentrum): täglich von 8.00 bis 18.00 Uhr (Eintritt frei).

Vergessene Haustierrasse – Hinterwälder Rinder (Foto: Norbert Panek).

Die im Oktober 2017 neu eröffnete KellerwaldUhr (Foto: Norbert Panek).

KellerwaldUhr in Frankenau

Als dritte Nationalpark-Besuchereinrichtung (neben NationalparkZentrum und BuchenHaus) wurde im Oktober 2017 das Informationszentrum KellerwaldUhr an einem neuen Standort in der Nähe des Nationalpark-Wanderparkplatzes am „Euler" eröffnet. Konzipiert ist das Zentrum als Bildungs- und Informationsstätte für Besucher aller Altersgruppen. Im Fokus der Ausstellung stehen die Geschichte des Kellerwaldes von der historischen Kulturlandschaft bis hin zum heutigen Nationalpark sowie die vielfältigen Beziehungen zwischen Mensch und Wald. Für die Betreuung von Schulklassen und Kindergärten wurde ein Gruppenraum eingerichtet. Für Behinderte, die den Nationalpark barrierefrei erkunden möchten, steht ein Elektro-Scooter kostenlos zur Verfügung. Die KellerwaldUhr ist ein guter Ausgangspunkt für Wanderungen zur Quernstkapelle.

Öffnungszeiten: November bis März Samstag und Sonntag von 10.00 bis 16.00 Uhr; April bis Oktober täglich von 10.00 bis 18.00 Uhr.

Der Edersee und die Region im Umfeld des Nationalparks

Der Kellerwald beherbergt nicht nur eines der größten geschlossenen Buchenwaldgebiete Deutschlands, sondern zählt insgesamt auch zu den Regionen Mitteleuropas mit der größten Laubwalddichte. Der Wald spielte seit jeher eine große Rolle in der Geschichte der Region. Er war Motor der wirtschaftlichen Entwicklung und lange Zeit Wohn- und Arbeitsraum vieler Menschen, die im und vom Wald lebten. Anders als andere Regionen hat sich der Strukturwandel im Kellerwald etwas langsamer vollzogen und vieles, was in unserer modernen Agrarlandschaft längst verschwunden ist, konnte sich hier bewahren. Neben den ausgedehnten Laubwaldkomplexen sind es vor allem die vielen kleinen Mosaike von traditionell bewirtschafteten Grünländern, Feuchtwiesen, Magerrasen und Heideflächen, die diese weitgehend kleinbäuerlich genutzte Mittelgebirgslandschaft prägen. Somit ist der Nationalpark in nahezu idealer Weise in eine ökologisch weitgehend intakte und als Naturpark geschützte Kulturlandschaft eingebettet, die sich aller modernistischen Zeitströmungen zum Trotz ihren unverwechselbaren Charakter bewahren konnte.

Die wohl gravierendsten Landschaftsveränderungen vollzogen sich vor gut 100 Jahren, als nahe der Ortschaft Hemfurth eine 47 m hohe Staumauer errichtet wurde, die das idyllische Tal der Eder komplett verriegelte. In den aufgestauten Fluten versanken drei Dörfer. Heute hat sich aus dem Edersee eine „zweite Natur" entwickelt und in seinem Umfeld boomt der Tourismus. In den „sekundär" entstandenen Verlandungszonen wachsen die größten, geschlossenen Großseggenriedbestände Hessens, die sich zu einem bedeutenden Brut-, Durchzugs- und Überwinterungsgebiet für Wasservögel entwickelt haben. Als Charaktervogelart des Edersees gilt der Haubentaucher. Im Sommer wird der trockenfallende Seegrund in kurzer Zeit von einer seltenen Schlammpionierflora erobert, die sich hauptsächlich aus Schlammkraut, Sumpf-Ruhrkraut und Rotem Gänsefuß zusammensetzt.

Idyllische Kulturlandschaft am Rande des Nationalparks (Foto: Ralf Kubosch).

Markante touristische Ziele der Region sind neben dem Edersee das aus dem 12. Jahrhundert stammende Burgschloss Waldeck als weithin sichtbares „Wahrzeichen" der Ferienregion sowie die Kurpromenade von Bad Wildungen, wo seit Jahrhunderten heilkräftiges Mineralwasser sprudelt. Sehenswert ist zudem die wuchtige Klosterkirche in Haina. Das ehemalige Zisterzienserkloster zählt zu den besterhaltenen Anlagen dieser Art in Deutschland.

Im weiteren Umfeld des Weltnaturerbe-Nationalparks hat die UNESCO im Jahr 2013 mit dem Bergpark Wilhelmshöhe in Kassel ein weiteres Welterbe gekürt. Die inszenierte,

Blick auf das Walddorf Frebershausen (Foto: Manfred Delpho).

Einst geistig-kulturelles Zentrum der Kellerwald-Region – das Zisterzienserkloster in Haina (Foto: Norbert Panek).

streng „erzogene Natur" im Bergpark steht dort in einem spannenden Kontrast zur ungezügelten Buchenwald-Wildnis im Nationalpark Kellerwald-Edersee. Außergewöhnliches bietet auch die einstige Hansestadt Korbach mit ihrem fast unversehrt erhaltenen Altstadt-Mauerring und der weltweit bedeutenden, in einen Geopark integrierten Fossilienfundstätte „Korbacher Spalte" sowie die altehrwürdige Domstadt Fritzlar mit ihren Spuren, die einst der Missionar Bonifatius in der Region hinterließ.
Bereits 2001 wurde der gesamte Naturraum „Kellerwald" mit einer Fläche von 406 km² zum Naturpark erklärt. Allein der Nationalpark hat in seinem Umfeld mittlerweile einen beachtlichen Investitionsschub ausgelöst. Seit 1994 ist der Kellerwald als sogenannte LEADER-Region anerkannt, in die erhebliche Geldmittel aus einem Förderprogramm der Europäischen Union fließen. 2005 wurde vom Bund (Bundesamt für Naturschutz) in Zusammenarbeit mit dem Land Hessen, dem Naturpark und dem Nationalpark ein „Naturschutzgroßprojekt Kellerwald-Region" gestartet, das sich zum Ziel gesetzt hat, den Schutz der bundesweit bedeutenden Biotope des Kellerwaldes durch Pflege- und Entwicklungsmaßnahmen dauerhaft zu sichern. Schwerpunkte der Förderung sind die Steilhänge nördlich des Edersees, die Waldfläche des Nationalparks, die Kulturlandschaft im Bereich von Frankenau und im Wesetal sowie der große geschlossene Waldkomplex im „Hohen (südlichen) Kellerwald". Diese Förderkulisse umfasst insgesamt rund 13.000 ha. Für die Umsetzung der Maßnahmen stehen bis

Impression am Edersee nahe der alten Dorfstelle Berich (Foto: Wolfgang Ewert).

Blick vom „Hochstein" (bei Vöhl) Richtung Westen auf den nahezu leergelaufenen Edersee, links das Dorf Harbshausen (Foto: Gerhard Kalden).

Die alte Talbrücke bei Asel, bei höchstem Wasserstand vollständig im Edersee abgetaucht (Foto: Gerhard Kalden).

Historisch gewachsen und strukturreich – Ackerterrassenlandschaft bei Frebershausen (Foto: Norbert Panek).

2018 rund 6,5 Millionen Euro zur Verfügung. Mit dem Prädikat „Arche-Region" hat die bereits in den 1990er Jahren modellartig gestartete Kooperation zwischen Landwirtschaft und Naturschutz im Schwerpunktbereich Frankenau einen neuen richtungsweisenden Impuls erhalten. Ziel ist es, ein breites Netzwerk zu schaffen, das Naturschützer, landwirtschaftliche und gastronomische Betriebe sowie touristische Anbieter gleichermaßen vereint. Zudem geht es um die Bewahrung alter und gefährdeter Haustierrassen wie z. B. des Roten Höhenviehs, das als charakteristisches Mittelgebirgs-Rind durch zunehmend auf Hochleistung getrimmte Rassen verdrängt worden ist und in den 1980er Jahren sogar fast ausgestorben wäre.

Der Nationalpark hat, allen Unkenrufen zum Trotz, bewiesen, dass er nicht nur ein höchst effektives und erfolgreiches Schutzinstrument darstellt, sondern auch Motor einer nachhaltigen Regionalentwicklung sein kann.

Ein Hingucker – Raupe des Buchen-Rotschwanzes (Foto: Manfred Delpho).

Literatur

Albus, M. (1981): Zur Jagdgeschichte Waldecks insbesondere des Wildschutzgebiets Edersee, Dipl.-Arbeit, Institut f. Wildbiologie u. Jagdkunde der Universität Göttingen.

Becker, W. et al. (1996): Pflanzenwelt zwischen Eder und Diemel – Flora des Landkreises Waldeck-Frankenberg mit Verbreitungsatlas, Schr.R. Naturschutz in Waldeck-Frankenberg 5, Korbach.

Bing, L. (1996): Vom Edertal zum Edersee, 6. erweit. Auflage, W. Bing Verlag Korbach.

Bohn, U. et al. (2004): Karte der natürlichen Vegetation Europas (Maßstab 1:2.500.000) – Erläuterungstext, Landwirtschaftsverlag Münster.

Dietz, M. & Simon, O. (2004): Wo die Vampire hausen, Nationalpark 124: 12–15.

Dietz, M. & Simon, O. (2008): Fledermäuse im Nationalpark Kellerwald-Edersee. Vom Arteninventar zur Zönosenforschung, Forschungsbericht Nationalp. Kellerwald-Edersee – Band 1 (Hrsg. Nationalparkamt), Bad Wildungen.

Fleischhauer, C. (1907): Schwarz-Rot-Gelb – Waldeckisches Heimatbuch – 2. Teil, Ernst Funk Verlag, Bad Wildungen.

Frede, A. et al. (2000): Naturerbe Kellerwald – Sinfonie einer Landschaft, cognitio Verlag, Niedenstein.

Frede, A. (2007): Der Nationalpark Kellerwald-Edersee – ein Buchenwald-Naturerbe von europäischem Rang, Naturschutzgebiete in Hessen – Band 4: 72–89.

Frede, A. (2009): Naturwälder in der Nationalpark-Region Kellerwald-Edersee – Ein Beitrag zur Urwald-Frage in Deutschland, 2. Hess. Naturwaldforum Buche, Mitt. Hess. Landesforstverw. 47: 72–80.

Frede, A. (2010): Forschung und Monitoring im Nationalpark Kellerwald-Edersee, AFZ-DerWald 17: 4–6.

Frede, A. & Lehmann, W. (2013): Farn- und Blütenpflanzen im Nationalpark Kellerwald-Edersee, AFZ-DerWald 68 (1): 15–17.

Göppert, H. R. (1868): Skizzen zur Kenntnis der Urwälder Schlesiens und Böhmens, Verlag E. Blochmann & Sohn, Dresden.

Großmann, M. et al. (2009): Anmeldung „Alte Buchenwälder Deutschlands" als Erweiterung des Weltnaturerbes Buchenwälder der Karpaten – Nominierungsdossier für die UNESCO zur Eintragung in die Welterbeliste, Bonn.

Großmann, M. (2012): „Alte Buchenwälder Deutschlands" sind Welterbe, AFZ-DerWald – Sonderdruck: 4–7.

Großmann, M. (2013): UNESCO-Welterbestätte „Buchenurwälder der Karpaten und Alte Buchenwälder Deutschlands", Jahrbuch Verein zum Schutz d. Bergwelt 78: 1–18.

Harthun, M. (1998): Woran der Nationalpark Kellerwald vorerst scheiterte, Natur u. Landschaft 73 (5): 223–227.

Harthun, M. (1999): Aktuelle Entwicklungen zum geplanten Nationalpark Kellerwald nach dem Regierungswechsel in Hessen: Nationales Naturerbe oder Wirtschaftsforst?, Jahrbuch Naturschutz Hessen 4: 217–224.

Harthun, M. (2004): Der Nationalpark Kellerwald-Edersee – Hessens schwieriger Weg zum Buchenwald-Nationalpark, Natur u. Landschaft 79 (11): 486–493.

Herzog, M. (2006): Vegetationsgeschichtliche Untersuchung im südlichen Kellerwald (Hessen), Magisterarbeit im Studienfach Geographie, Geograph. Institut an der Rhein.-Westfälischen Techn. Hochschule Aachen.

Hohlbein, H.-J. (1968): Geologisch-lagerstättenkundliche Untersuchung der Erzvorkommen nordöstlich Altenlotheim, Dipl.-Arbeit, Goethe-Universität Frankfurt/M.

Hücker, H. (1992): Das Waldschutzgebiet Edersee, Vogelkundliche Hefte Edertal 18: 109–116.

Ibisch, P. (2014): Research and Development project „European World Heritage Beech Forests" – Final Project Report, Eberswalde.

Ibisch, P., Waldherr, M. G. & Knapp, H. D. (2017): Erweiterungsnominierung zu den „Buchenurwäldern der Karpaten und

Alten Buchenwäldern Deutschlands" als paneuropäische UNESCO-Weltnaturerbestätte, Natur und Landschaft 92 (3): 109–118.

Initiative Pro Nationalpark (1992): Konzept zur Verwirklichung eines Laubwald-Nationalparks im Landkreis Waldeck-Frankenberg (Nordhessen) – Erhalt und Entwicklung einer ländlichen Region, Vogelkundliche Hefte Edertal 18: 117–123.

Jarzabek, A. (2006): Mulmhöhlen – Schatztruhen im Buchenwald, LWF aktuell 53: 4–5.

Knapp, H. D. (1996): Die Rolle des Nationalparks Bayerischer Wald für die deutschen Nationalparke, Internat. Nationalpark-Symposium München, Bericht: 22–31.

Korpel, S. (1995): Die Urwälder der Westkarpaten, Gustav Fischer Verlag, Stuttgart.

Kubosch, R. (1987): Bemerkungen zur Verbreitung, Soziologie und Ökologie von Dianthus gratianopolitanus VILL. im Umkreis des Edersees in Nordhessen unter Berücksichtigung der nächstbenachbarten Vorkommen, Dipl.-Arbeit, Philipps-Universität Marburg.

Kubosch, R. & Panek, N. (2016): Verborgene Urwälder am Edersee – Eine Bilderreise, Ambaum Verlag, Vöhl-Basdorf.

Kulick, J. (1960): Driftmarken im Kulm des Edersee-Gebietes, Fortschritt. Geolog. Rheinland u. Westf. 3 (1): 289–296.

Langer, E. (2013): Pilze im Nationalpark Kellerwald-Edersee, AFZ-DerWald 68 (1): 21–23.

Langer, E. et al. (2014): Fungal diversity of the Kellerwald-Edersee National Park – indicator species of nature value and conservation, Nova Hedwigia 99 (1/2): 129–144.

Langer, G. & Langer, E. (2015): Der Kellerwald – ein Quellwald, BuchenBlatt 01: 11.

Löwe, F. (2012): Schutt- und Blockhalden im Nationalpark Kellerwald-Edersee – Analyse und Vergleich sowie touristische Aufarbeitung der Befunde für Besucher des Nationalparks, Bachelor-Arbeit/Philipps-Universität Marburg.

Lübcke, W. (2007): Zur Vogelwelt im Nationalpark Kellerwald-Edersee, Vogelkundl. Hefte Edertal 33: 23–30.

Lübcke, W., Schlote, M. & Breßler, W. (2005): Ergebnisse der Spechtkartierung im Nationalpark Kellerwald-Edersee, Vogelkundl. Hefte Edertal 31: 33–46.

Magri, D. et al. (2006): A new scenario for the Quaternary history of European beech populations: Palaeobotanical evidence and genetic consequences, New Phytologist 171: 199–221.

Menzler, K. & Sawitzky, H. (2013): Vielfalt der Waldgesellschaften in Buchenwaldlandschaften, AFZ-DerWald 68 (1): 12–14.

Menzler, K. & Sawitzky, H. (2015): Biotopausstattung und Naturnähe im Nationalpark Kellerwald-Edersee, Forschungsberichte Nationalpark Kellerwald-Edersee – Band 2 (Hrsg. Nationalparkamt), Bad Wildungen.

Meischner, D. (1991): Kleine Geologie des Kellerwaldes, Jber. Mitt. oberrhein. geolog. Ver., N. F. 73: 115–142.

Meyer, P. (2010): Nationalpark Kellerwald-Edersee auf dem Weg zum Naturwald, AFZ-DerWald 17: 7–9.

Nationalparkamt (2008): Nationalparkplan für den Nationalpark Kellerwald-Edersee, Bad Wildungen.

Nieschalk, A. & Nieschalk, C. (1980): Naturwälder in Nordhessen, Naturschutz in Nordhessen 4: 61–119.

Paleit, J. (1994): Drei Schnäpperarten in einem naturnahen Buchenwald des Waldschutzgebiets Edersee, Vogelkundl. Hefte Edertal 24: 56–58.

Paleit, J. (2002): Walddynamik und Vogelwelt. Vergleichende Untersuchungen zur Vogelwelt des Arensberges im Waldschutzgebiet Edersee (Nordhessen), Vogelkundl. Hefte Edertal 28: 6–23.

Paleit, J. (2007): Erste Ergebnisse des vogelkundlichen Monitorings im Nationalpark Kellerwald-Edersee, Vogelkundl. Hefte Edertal 33: 31–42.

Panek, N. (1989): Ein Laubwald-Nationalpark in Nordhessen?, Natur u. Landschaft 64 (7/8): 338–342.

Panek, N. (1992): Nationalpark Kellerwald – Schutz für hessische Laubwald-Ökosysteme der Mittelgebirge, Naturschutz u. Landschaftsplanung 24 (3): 112–116.

Panek, N. (1996): Vorschläge zur Planung und Verwirklichung eines Buchenwald-Nationalparks „Kellerwald" in Nordhessen, Natur u. Landschaft 71 (4): 160–167.

Panek. N. (2000): Schützt endlich die Buchenwälder!, Nationalpark 108: 44–47.

Panek, N. (2002): Naturpark-Entwicklungsplan „Kellerwald" – Anforderungen und Erwartungen, Jahrbuch Naturschutz Hessen 7: 58–62.

Panek, N. (2006): Natur- und Kulturführer Kellerwald & Edersee, 3. Aufl., cognitio Verlag Niedenstein.

Panek, N. (2006): Urwald-Ängste – Der beschwerliche Weg zum Nationalpark „Kellerwald", Selbstverlag, Korbach.

Panek, N. (2008): Rotbuchenwälder in Deutschland – Beitrag zur Umsetzung einer Schutzstrategie, Naturschutz u. Landschaftsplanung 40 (5): 140–146.

Panek, N. (2008): Steilhangwälder am Edersee – ihr Schutz ist längst überfällig, Nationalpark 141: 40–43.

Panek, N. (2011): Deutschlands internationale Verantwortung: Rotbuchenwälder im Verbund schützen, Gutachten im Auftrag von Greenpeace e.V., Hamburg.

Panek, N. (2011): Vorschläge für ein transnationales Weltnaturerbe-Cluster der Buchenwälder Europas, Natur u. Landschaftsplanung 43 (9): 271–279.

Panek, N. (2016): Deutschland, deine Buchenwälder – Daten – Fakten – Analysen, Ambaum Verlag, Vöhl-Basdorf.

Plachter, H. & Hampicke, U. (1994): Naturschutzkonzept Kellerwald, Schlussbericht – Bände 1/2, im Auftrag des Hess. Minist. f. Wohnen, Landwirtschaft, Forsten u. Naturschutz, Wiesbaden.

Plachter, H., Kruse, A. & Kruckenberg, H. (2006): Screening potenzieller deutscher Naturwerte für das UNESCO-Welterbeübereinkommen, BfN-Skripten 177, Bonn.

Popp, D. (1988): Laubwaldnationalpark in Hessen – aufgehoben oder aufgeschoben?, Nationalpark 58: 4.

Popp, D. (1998): Steiniger Weg zum Buchen-Urwald – Episoden aus Hessen und Thüringen, Nationalpark 98: 10–12.

Pott, R. (1992): Nacheiszeitliche Entwicklung des Buchenareals und der mitteleuropäischen Buchenwaldgesellschaften, NZ NRW-Seminarberichte 12: 6–18.

Remmert, H. (1991): Eine Lanze für den Buchenwald-Nationalpark, Nationalpark 73: 49–51.

Schaffrath, U. (1999): Zur Käferfauna am Edersee (Insecta, Coleoptera), Philippia 9/1: 1–94.

Schmidt, A.-K. (2016): Der Prozess zur Ausweisung des Nationalparks „Kellerwald" unter besonderer Berücksichtigung der Akteure, Master-Arbeit, Justus-Liebig-Universität/Institut für Biologiedidaktik, Gießen.

Schmidt, M. (2010): Nationalpark Kellerwald-Edersee – Wie naturnah und artenreich ist die Waldvegetation?, AFZ-DerWald 17: 10–12.

Schmidt, N., Mölder, A., Engel, F., Schönfelder, E. & Fortmann-Valtink, W. (2015/2016): Welche Auswirkungen hatte die frühindustrielle Köhlerei auf hessische Wälder? Eine vergleichende Untersuchung im Reinhardswald und im Nationalpark Kellerwald-Edersee, Jahrbuch Naturschutz in Hessen 16: 21–27.

Schoenichen, W. (1935): Urdeutschland – Erster Band, Verlag J. Neumann-Neudamm.

Schönmüller, M. & Frede, A. (1999): Das Modellprojekt „Landwirtschaft und Naturschutz in Frankenau" – Ein Beitrag zur Kulturlandschaftspflege und Regionalförderung in der Kellerwaldregion (Nordhessen), Jahrbuch Naturschutz Hessen 4: 166–169.

Speier, M. (1994): Vegetationskundliche und paläoökologische Untersuchungen zur Rekonstruktion prähistorischer und historischer Landnutzungen im südlichen Rothaargebirge,

Abhandl. Westfäl. Museum f. Naturkd. 56 (3/4), Hrsg. Landschaftsverband Westfalen-Lippe.

Speier, M. (2005): Rothaargebirge: Modelllandschaft zur Erforschung autochthoner Buchenwaldbestände in NRW, LÖBF-Mitteilungen 2: 29–34.

Stein. J. (1986): Schutz für Buchenwälder – In Deutschland entsteht ein zweiter Waldnationalpark, Nationalpark 52: 9–11.

Stein, J. & Popp, D. (1987): Buchenwald-Nationalpark in Hessen, 2. Österreich. Urwald-Symposium (Hrsg. Institut f. Waldbau Wien): 95–102.

Tamm, J. (1987): Laubwald-Nationalpark und Heimatpark in Hessen – Möglichkeiten und Grenzen, gutachterliche Vorstudie im Auftrag des Hess. Ministeriums f. Umwelt u. Energie, Wiesbaden.

Winter, S. et al. (2015): Praxishandbuch – Naturschutz im Buchenwald. Naturschutzziele und Bewirtschaftungsempfehlungen für reife Buchenwälder Nordostdeutschlands, Hrsg. Minist. f. Ländl. Entwicklung, Umwelt u. Landwirtschaft Brandenburg.

Zarges, W. (1999): Das Hochgewälde am Edersee, Frankenberger Hefte 7, Verlag Kahm GmbH, Frankenberg (Eder).

Ziegenhagen, B. (2009): Die Buche im rechtsrheinischen Schiefergebirge – Einwanderungsgeschichte und Status ihrer genetischen Diversität, 2. Hess. Naturwaldforum Buche, Mitt. Hess. Landesforstverw. 47: 6–12.

Geologische Zeittafel

Periode	Epoche	Beginn Mio. Jahre vor heute	Entwicklungen
Quartär	Holozän	0,012	Massenausbreitung der Buche (*Fagus sylvatica*) in Mitteleuropa
	Pleistozän	2,6	Beginn der Kaltzeiten, erster altpaläolithischer Siedlungsplatz im Kellerwald bei Edertal-Buhlen
Tertiär	Pliozän	5,3	Beginn der Menschheitsentwicklung, „gemäßigte" arkto-tertiäre Wälder
	Oligozän	34	Erster fossiler Nachweis der Buche (Fagus) in Europa, Beginn der Klima-Abkühlung
	Eozän	55	Weltweit älteste Fossilfunde von Fagus (British Columbia)
	Paläozän	65	Aussterben der Dinosaurier an der Kreide/Tertiär-Grenze
Kreide		142	Erstes Auftreten der Blütenpflanzen, Urvögel mit Reptilienmerkmalen
Jura		200	Höhepunkt der Dinosaurier-Entwicklung, Nadelholzwälder herrschen vor
Trias		251	Beginn der Dinosaurier-Entwicklung, erstes Auftreten der Säugetiere an der Grenze Trias/Jura
Perm		296	Erstes Auftreten der Nadelbäume, erste säugetierähnliche Reptilien
Karbon		358	Entstehung des „Kellerwaldes" als Teil des Variszischen Gebirges, erste Reptilien, erste zusammenhängende Wälder aus Schachtelhalmen und Bärlappgewächsen
Devon		417	Zeitalter der Fische, erste „Landgänger" (Amphibien)
Silur		444	An Land treten erstmals Gefäßpflanzen auf. Nachweis der ältesten Gesteine im Kellerwald
Ordovizium		485	Erste Landpflanzen (moosähnliche)
Kambrium		544	Entstehung fast aller heutigen Tierstämme
		4.600	Entstehung der Erde

Übersicht Gebietsvorschläge zur Erweiterungsnominierung „Buchenurwälder der Karpaten und anderer Regionen Europas“

Land	Buchenwaldregion	Gebietsname	Flächengröße [ha]
Albanien	Mösisch-balkanische Region	Lumi i Gashit	ca. 1.000
		Rrajan (Shebenic Jablanica National Park)	k. A.
Belgien	Atlantische Region	Foret de Soignes (fünf Teilgebiete)	554,6
Bulgarien	Mösisch-balkanische Region	Central Balkan National Park mit neun Teilgebieten:	
		• Reservat Boatin	1.271
		• Tsarichina	1.431
		• Kozya Stena	637
		• Steneto	2.488
		• Stara Reka	634
		• Dzhendema	1.690
		• Severen Dzhendem	880
		• Sokolna	790
		• Peeshtiti Skali	1.041
Kroatien	Illyrische Region	Paklenica National Park (zwei Teilgebiete)	2.000
		Hajducki Rozanskikukovi	1.220
Italien	Zentral-mediterrane Region	Sasso Fratino	781
		Abruzzo, Lazio & Molise National Park (fünf Teilgebiete)	950
		Tuscia (zwei Teilgebiete)	162
		Cozzo Ferriero	80
		Gargano National Park	448

Land	Buchenwaldregion	Gebietsname	Flächengröße [ha]
Österreich	Karpatische Region	Izvoarele Nerei (Semenic National Park)	5.028
		Cheile Nerei-Beusnita National Park	36.758
		Domogled-Coronini-Bedina, Iauna Craiovei & Ciucevele Cernei	k. A.
		Cozia Masivul Cozia & Lotrisor	k. A.
		Codrulsecular Sinca	k. A.
		Codrulsecular Slatioara	k. A.
		Grosii Tiblesuluilz vorul Surii & Preluci	k. A.
		Strambu Baiut	k. A.
Slowenien	Illyrische Region	Virgin Forest Krokar	74,5
		Sneznik-Zdrocle	794
Spanien	Pyrenäisch-iberische Region	Hayedos de Pico de Europa (zwei Teilgebiete)	273
		Hayedos de Navarra (zwei Teilgebiete)	239
		Hayedos de Ayllon (zwei Teilgebiete)	326
Ukraine	Karpatische Region	Gorgany Nature Reserve	580
		Roztochya Nature Reserve	k. A.
		Podilski Tovtry National Nature Park	k. A.
		Synevyr National Nature Park (vier Teilgebiete)	7.415
		Zacharovany Krai National Nature Park (zwei Teilgebiete)	6.101

Datenquelle: Nationale Vorschlagslisten der Länder (http://whc.unesco.org/en/tentativelist/6058/), E.C.O. Institut für Ökologie Klagenfurt

Dokumentarischer Zeitraffer von 1986 bis 2004 – der lange Kampf um ein wertvolles Waldgebiet

Juni 1986
Der BUND Landesverband Hessen erarbeitet ein „internes" Papier mit dem Titel „Nationalparkvorschlag für Hessen" (Autoren: D. Popp und J. Stein). Darin werden zwei Standortvarianten im nordhessischen Landkreis Waldeck-Frankenberg („Hessisches Rothaargebirge" und „Wildunger Bergland" = Wildschutzgebiet Edersee) zur Diskussion gestellt.

18. Juli 1986
Erste Meldung über die geplante Einrichtung eines Nationalparks in der Waldeck-Frankenberger Lokalpresse.

Januar 1987
Beschluss des Hessischen Landtags: Ein Gutachten der Bundesforschungsanstalt für Naturschutz und Landschaftsökologie (heute: Bundesamt für Naturschutz) soll klären, ob ein Nationalpark in Hessen überhaupt möglich sei.

Oktober 1988
FDP und CDU stellen das zukünftige Konzept für ein „Waldschutzgebiet" im Gatter Edersee vor. Nach Pressemeldungen sollen zwei weitere Naturschutzgebiete (140 ha) und drei neue „Naturwaldreservate" (150 ha) entstehen. Naturschutzvertreter fordern die Ausweisung weiterer Naturschutzflächen.

2. Februar 1990
In Korbach wird mit Unterstützung des BUND Kreisverbandes die Initiative „Pro Nationalpark" gegründet, die in der Folgezeit Entwürfe für ein Nationalparkkonzept erarbeitet.

10. Februar 1992
Gründung des Vereins „Pro Nationalpark – Verein zur Förderung der Kellerwaldregion" in Frankenau.

13. Juli 1992
Das Hessische Ministerium für Landesentwicklung, Wohnen, Landwirtschaft, Forsten und Naturschutz veröffentlicht erstmalig einen Erlass zum Thema „Nationalpark". Darin werden u. a. die Sperrung großer Waldbereiche, die Bereitstellung von Privat- und Kommunalwaldbesitz und ein weitgehender Stopp der Siedlungsentwicklung gefordert.

Mai 1993
Das Hessische Ministerium für Landesentwicklung, Wohnen, Landwirtschaft, Forsten und Naturschutz (Abt. VI) erarbeitet einen sogenannten Diskussionsleitfaden „Nationalpark für Hessen".

Oktober 1993
Erste Reaktionen von Nationalparkgegnern in der Lokalpresse: Unter der Überschrift „Hände weg vom Kellerwald" nehmen sieben Ortsvorsteher aus den Gemeinden Haina und Bad Wildungen Stellung. Sie kritisieren insbesondere die mangelnde Bürgerbeteiligung.

8. Dezember 1994
Vorstellung einer vom Land Hessen in Auftrag gegebenen Expertise „Naturschutzkonzept Kellerwald". Die Gutachter befürworten die Einrichtung eines Nationalparks. Er solle sich auf das derzeitige „Waldschutzgebiet Edersee" beschränken.

19. Dezember 1995
Die Landesverbände BUND, NABU, HGON und BVNH fordern die Erstellung eines Nationalpark-Verordnungsentwurfes, „der die IUCN-Kriterien berücksichtigt." Beschlüsse der Kommunalparlamente zeigten, dass weiterhin große Unsicherheit und Wissensdefizite bestünden.

22. Januar 1997
Innenminister Gerhard Bökel stellt in Frankenau „Eckpunkte" der Verordnung für den Nationalpark „Kellerwald" vor. In einer Presseerklärung heißt es: „Die Eckpunkte zeigen: Niemand muss dem Projekt mit Argwohn oder Angst gegenüberstehen." Der Nationalpark sei räumlich auf das „Waldschutzgebiet Edersee" beschränkt.

2. März 1997
Kommunalwahlen in Waldeck-Frankenberg: Im Koalitionsvertrag der SPD, FWG und FDP stimmen alle drei Parteien der Einrichtung des Nationalparks „Kellerwald" zu. Ein entsprechender Kreistagsbeschluss soll noch vor der Sommerpause verabschiedet werden.

April/Mai 1997
In den Kommunen Frankenau, Vöhl und Edertal werden von Nationalparkgegnern Bürgerentscheide initiiert. Der bereits geplante Kreistagsbeschluss wird von der SPD-FDP-FWG-Koalition zurückgezogen.

12. Oktober 1997
Schicksalstag für die hessische Nationalparkidee. In Bürgerentscheiden der Gemeinden Vöhl, Edertal und Frankenau lehnen knapp 70 % der Wähler den Nationalpark „Kellerwald" ab.
Das „Schicksal" des Nationalparks liegt jetzt in den Händen des Waldeck-Frankenberger Kreistages. Die SPD, stärkste Kreistagsfraktion, teilt mit, dass man das Votum der Bürgerentscheide „respektieren" werde.

Dezember 1997
Die „Bewegung Nationalpark" sammelt Unterschriften in den Fußgängerzonen von Korbach, Frankenberg, Bad Arolsen und Bad Wildungen. Rund 12.000 Bürger unterstützen den Nationalpark mit ihrer Unterschrift.

18. Dezember 1997
Der Kreistag von Waldeck-Frankenberg entscheidet sich mehrheitlich gegen den Nationalpark. SPD, FDP und „Freie Wähler" lehnen den Nationalpark (mit den Stimmen der Bündnis-Grünen) „zum gegenwärtigen Zeitpunkt" ab.

März 1998
In einem Erlass des für die Forstverwaltung zuständigen Ministers (sogenannter „Bökel"-Erlass) wird die zukünftige Behandlung des „Waldschutzgebietes Edersee" neu geregelt:
Totalverbot für Laubholzeinschläge auf einer 1.672 ha großen Waldfläche im Nordwesten des Gebietes („Prozessschutzzone"); die kontrollierte Entnahme von Nadelholz bleibt weiterhin zulässig; auf den übrigen Flächen ist die Entnahme von Buchen und Eichen aus über 120-jährigen Beständen verboten. Minister G. Bökel kündigt an, den Nationalpark nach der Landtagswahl 1999 umzusetzen.

Februar 1999
Landtagswahlen in Hessen: CDU und FDP erreichen die Mehrheit im Landtag und lösen die rot-grüne Landesregierung ab. Die Lokalpresse titelt: „Pläne für Nationalpark vom Tisch". Der neue Umweltminister Wilhelm Dietzel (CDU) erklärt das endgültige Aus für den Nationalpark. An dessen Stelle soll ein „Naturpark" eingerichtet werden.

August 1999
In Presse-Verlautbarungen kündigt Umweltminister Dietzel schließlich an, dass „der Buchen-Einschlag solange zurückgestellt wird, bis ein Gesamtkonzept für den Naturpark steht …"

März 2000
Entgegen der Ankündigung („Einschlag-Stopp") finden im Waldschutzgebiet großflächige Holzeinschläge statt. Das Ministerium rechtfertigt die Eingriffe: „Das Forstamt hat sich ordnungsgemäß verhalten. Der Natur ist kein Nachteil entstanden …"

Oktober 2000
Minister Wilhelm Dietzel erlässt einen „vorläufigen" Einschlag-Stopp für alle Laubholzbestände im FFH-Gebiet „Kellerwald". Außerdem will er 5 Mio. Euro für die Entwicklung der geplanten Naturparkregion zur Verfügung stellen.

Dezember 2002
Verhandlungen mit dem Bundesamt für Naturschutz (BfN) in Bonn über ein Naturschutz-Großprojekt im Kellerwald. Das BfN stellt Fördergelder in Millionenhöhe in Aussicht und öffnet damit indirekt die „Tür zum Nationalpark".

12. Februar 2003
Ministerpräsident Roland Koch verkündet in einem Schreiben an den Verein „Pro Nationalpark": Die ausgedehnten Buchen-Altholzbestände im Naturpark Kellerwald sollten langfristig gesichert werden. Wörtlich: „Das dazu bereits entwickelte Konzept sieht vor, große ungenutzte Gebiete auszuweisen, die eine natürliche Entwicklung ohne Einfluss menschlicher Wirtschaftsmethoden ermöglicht."

März 2003
Bad Wildungens Bürgermeister Reinhard Grieneisen erklärt als Vorsitzender des Naturpark-Zweckverbandes die neue Marschroute: „Naturpark plus Nationalpark!"

17. Dezember 2003
Die Nationalpark-Verordnung wird im Hessischen Landtag verabschiedet. Nach § 11 der Verordnung liegt die Dienstaufsicht für das zukünftige Nationalparkamt beim Landesbetrieb Hessen-Forst.

1. Januar 2004
Die Verordnung über den Nationalpark Kellerwald-Edersee tritt formal in Kraft.

Glossar

Arche-Region: Prädikat für ein Gebiet, in dem sich Landnutzer und Verbraucher verstärkt für die Erhaltung von alten und gefährdeten Haustierrassen einsetzen.

Basensättigung: Kennzeichnet den Anteil der im Boden basisch wirkenden Nährelemente (Kalzium, Magnesium etc.); Indikator für die Elastizität der Böden gegenüber Säurebelastungen.

Biomasse: Gesamtmasse der lebenden Bestandteile (Pflanzen, Tiere) eines Ökosystems.

Biotoptyp: Bestimmter, einheitlich charakterisierter Typ eines Lebensraumes, z. B. Hainsimsen-Buchenwald.

Braunerde: Bezeichnung für einen weit verbreiteten Bodentyp des gemäßigten humiden Klimas, der sich überwiegend aus silikatischen, kalkarmen Ausgangsgesteinen entwickelt.

BUND: Abkürzung für Bund für Umwelt und Naturschutz Deutschland.

Bundeswaldinventur: Verfahren zur großräumigen Stichproben-Erhebung der Waldverhältnisse in Deutschland, die alle zehn Jahre durchgeführt wird.

BVNH: Abkürzung für Botanische Vereinigung für Naturschutz in Hessen.

Cluster: Gruppe von ausgewählten Gebieten, die ähnliche Merkmale aufweisen, z. B. alte Buchenwälder.

Detritus: Zerfallene organische Substanz (Organismenreste).

Diversitätszentrum: Umschreibt eine überdurchschnittliche, natürliche Artenvielfalt in einem bestimmten Gebiet/einer Landschaft.

Eiszeitrelikt: Bezeichnet isolierte Vorkommen von arkto-alpinen Arten der ehemaligen Kaltzeitvegetation und ihrer Tierwelt.

Gradierte Schichtung: Gradiert bedeutet Zu- oder Abnahme der Korngrößen innerhalb einer Gesteinsschicht. Beispiel: Bei einer durch Trübe- oder Suspensionsströme entstandenen Sandsteinschicht befinden sich die gröberen (schwereren) Sandkörner an der Basis und die Korngrößen nehmen nach oben hin ab.

Graptolithen: Marine, koloniebildende Tiere, die vom Oberkambrium bis Unterkarbon (488 bis 325 Millionen Jahre vor heute) lebten. Fossil überliefert sind nur ihre Wohnkammern.

Habitat: Wohn- oder Lebensstätte von Tierarten.

Habitattradition: Das ununterbrochene, kontinuierliche Vorhandensein von Lebensstätten alter, reifer Wälder mit konstant hohen Tot- und Biotopholzanteilen.

Hemerobiegrad: Umschreibt die Abstufungen der Intensität von menschlichen (kulturellen) Einflüssen auf ein bestimmtes Ökosystem im Vergleich zum ursprünglichen (natürlichen) Zustand.

HGON: Abkürzung für Hessische Gesellschaft für Ornithologie und Naturschutz.

Horst: Begriff aus der Geologie; gemeint ist eine tektonische Scholle, die durch vertikale Erdkrustenbewegungen herausgehoben wurde.

Larvalstadium: Stadium der Metamorphose von Insekten (z. B. Käfern) bevor die Verpuppung stattfindet und schließlich das fertige Insekt (Imago) entsteht.

LEADER: Abkürzung für Liason entre actions de developpement de l'economie rurale (wörtlich übersetzt: Verbindung von Aktionen zur Entwicklung der ländlichen Wirtschaft).

Mosaik-Zyklus: Beschreibt die verschiedenen Stadien der dynamischen natürlichen Waldentwicklung, z. B. Verjüngungs- oder Zerfallsstadien, die meist auf kleinen Flächeneinheiten („Mosaiken") jeweils zeitversetzt ablaufen.

Mulmhöhle: Durch Zersetzungsprozesse entstandene Höhle im lebenden Baum mit Mulmbildung aus zersetzten Holzresten und Stoffwechselprodukten von Tieren etc.

Myzelien: von Mycel = Gesamtheit der fadenförmigen Geflechte (Hyphen) von Pilzen im Boden.

NABU: Abkürzung für Naturschutzbund Deutschland.

Natura 2000: System von Schutzgebieten der Europäischen Union, das die Gebiete der Fauna-Flora-Habitat-(FFH-)Richtlinie und die EU-Vogelschutzgebiete umfasst.

On-going-ecological-process: Bezeichnet den noch andauernden Prozess von natürlichen Entwicklungsvorgängen, z. B. die noch anhaltende Ausbreitung der Rotbuche insbesondere im nordwestlichen Europa.

Petrologie: Lehre von der Entstehung der Gesteine (griech. petra = Stein).

Pollenzone: Kennzeichnet die unterschiedliche Verteilung von Pollen in Moor- oder Seeablagerungen, die schichtweise anhand der Pollenvorkommen in unterschiedliche Zeitzonen gegliedert werden, welche den Ablauf der nachkaltzeitlichen Waldentwicklung dokumentieren.

Potenzielle Natürliche Vegetation: Endzustand der Vegetation, die sich ohne Einfluss des Menschen unter den gegenwärtigen Standortbedingungen entwickeln würde.

Prädator: Beutegreifer, der zum Zweck der Nahrungsaufnahme andere Tiere jagt und tötet (lat. praedatio = Beute machen, rauben).

Prozessschutz: Aufrechterhaltung bzw. Schutz der ungestörten, dynamischen Entwicklungsprozesse in der Natur, definiert als Naturschutz-Teilziel sowie auch als Konzept einer naturschutzorientierten Waldbewirtschaftung („Lübecker Modell").

Radiokarbonjahr: Maßeinheit für die Zeit, die nach der Radiokohlenstoff-Datierung (C14-Datierung) ermittelt wird.

Rote Liste(n): Fasst Tier- oder Pflanzenarten nach dem jeweiligen Grad ihrer Gefährdung zusammen.

Schirmschlag: Eine Methode der Waldverjüngung, bei der sich der Jungwuchs unter dem Schirm eines gelichteten Altbaumbestands entwickelt, bis dieser vollständig geerntet ist.

Sukzession: Standortabhängige kontinuierliche Abfolge von unterschiedlichen Stadien der Besiedlung durch Pflanzen- oder Tierarten. Auch die **Mosaik-Zyklen** eines Waldes werden als eine Abfolge von Sukzessionsstadien betrachtet.

Tektonische Schuppe: Bezeichnet in der Geologie zerbrochene und schuppenförmig überschobene Pakete aus Gesteinsschichten, die durch tektonische Kräfte aus ihrem ursprünglichen Verband herausgelöst wurden.

UNESCO: United Nations Educational, Scientific and Cultural Organization (= Organisation der Vereinten Nationen für Bildung, Wissenschaft und Kultur).

Variszisches Gebirge: Großes Decken- und Faltengebirge, das im Oberkarbon (300 Mill. Jahre vor heute) in der Kollisionszone zweier Kontinentalplatten entstanden ist (benannt nach dem Volksstamm der Variszier).

Der Autor

(Foto: Norbert Panek).

Norbert Panek wurde 1954 in Berlin geboren. Von 1972–1974 machte er eine Lehrausbildung als Landschaftsgärtner, an das sich ein Studium der Landespflege an der Technischen Fachhochschule in Berlin-Dahlem von 1975–1978 anschloss. Ab 1978 war er als Berater für Gartenbau und Landschaftspflege sowie als Landschaftsplaner in der hessischen Agrarverwaltung angestellt, ab 2001 in gleicher Funktion in der Verwaltung des Landkreises Waldeck-Frankenberg mit dem Aufgabenschwerpunkt „Vertragsnaturschutz". Das Projektbüro des Nationalen Geoparks „GrenzWelten" leitet er seit 2006.

Privat engagiert sich der der Autor seit 1986 für den Schutz von Buchenwäldern; 1990 gründete er eine Nationalpark-Initiative im nordhessischen Kellerwald und war von 1992–1998 Vorsitzender des dortigen Nationalpark-Fördervereins. Seit den 1990er Jahren bereiste Norbert Panek zahlreiche Waldreservate, u. a. in Deutschland, Österreich, Italien, Slowenien, Kroatien und der Slowakei. Er war u. a. als Gutachter für das Bundesamt für Naturschutz an den Vorbereitungen zur UNESCO-Nominierung der deutschen Buchen-Welterbegebiete beteiligt und ist für die Umweltorganisation Greenpeace e.V. als Berater in Waldfragen tätig. Außerdem ist er Verfasser zahlreicher Beiträge in Fachzeitschriften und Buchautor.

Danksagung

Ich danke dem Natur+Text Verlag für die vertrauensvolle Zusammenarbeit. Mein besonderer Dank gilt Herrn Achim Frede für die konstruktiven Hinweise zum Manuskript. Der BUND Hessen Naturschutzstiftung danke ich für die großzügige finanzielle Unterstützung.

Abbildungsnachweis

Bildautoren und Hinweise auf Abbildungen, die keine Bildunterschrift haben:

Titelbild: Buchen-Felswald der Wooghölle (Ralf Kubosch)
Vor- und Nachsatz: KKV Kartographische Kommunale Verlagsgesellschaft mbH, Nordhausen
S. 10: Ausschnitt (Reprint) aus einer historischen Karte der Grafschaft Waldeck aus der Zeit um ca. 1600; zeigt die Waldfläche (Baumsymbole), auf der sich heute der Nationalpark befindet.
Manfred Delpho: S. 8, 12, 59, 114 (Feuchtwiese mit Schlangen-Knöterich), 130 (Trittspur des Waschbären), 146, 156, 165
Wolfgang Ewert: S. 58, 60
Ralf Kubosch: S. 2, 4/5, 30, 104, 140, 162
Rücktitel: Blick über den Edersee auf die Burg Waldeck (Manfred Delpho), Hintergrundabbildung Wolfgang Ewert

Reihe: Alte Buchenwälder Deutschlands

Die Rotbuche hat sich seit der letzten Eiszeit europaweit durchgesetzt und Buchenwälder könnten heute Mitteleuropa überziehen. Wäre da nicht der Mensch, der große Teile der Wälder für den eigenen Nutzen abholzte. Doch noch gibt es einige Buchenwälder, die aufgrund ihrer „Unversehrtheit" 2011 zum UNESCO-Weltnaturerbe erklärt wurden.
Der „Serrahn" ist einer der ältesten und größten ungenutzten Wälder. Der Buchenwald des „Hainich" steht auf einem ehemaligen Militärgelände. Die Buchen im „Grumsin" wachsen auf einer moor- und seereichen Moränenlandschaft. Der „Kellerwald-Edersee" ist eines der kleinsten Schutzgebiete, wartet aber mit einem wahren „Buchenmeer" auf, und die Buchen auf der Halbinsel Jasmund fallen buchstäblich in die Ostsee.
Lebendig schildern die Autoren die Waldentwicklung, beschreiben die Tiere und Pflanzen in den Wäldern und erläutern die jeweiligen Besonderheiten. Wandertipps und Ausflugsziele runden die Bände ab.

Band 1 Serrahn (Mecklenburg-Vorp.)

Hans-Jürgen Spieß & Peter Wernicke
Serrahn – Weltnaturerbe im Müritz-Nationalpark
156 S., Natur+Text 2013, ISBN 978-3-942062-07-7
ISBN Mobipocket: 978-3-942062-11-4
ISBN ePub: 978-3-942062-10-7

Band 2 Hainich (Thüringen)

Manfred Großmann, Siegfried Klaus, Thomas Stephan
Nationalpark Hainich – Weltnaturerbe in Thüringen
156 S., Natur+Text 2014, ISBN 978-3-942062-14-5
ISBN Mobipocket: 978-3-942062-23-7
ISBN ePub: 978-3-942062-22-0

Band 3 Grumsin (Brandenburg)

Beate Blahy, Martin Flade (LfU Brandenburg)
Grumsin – Weltnaturerbe im Biosphärenreservat Schorfheide-Chorin
168 S., Natur+Text 2017, ISBN 978-3-942062-20-6
ISBN Mobipocket: 978-3-942062-27-5
ISBN ePub: 978-3-942062-26-8

Alle Titel: Hardcover, 24 × 22 cm, vollfarbig und mit vielen, teilweise ganzseitigen Fotos, Preis: 24,90 Euro (E-Book 19,99 Euro)

Legende

- Königsbuche – Natürliche Besonderheit, ND
- WildtierPark – Sehenswürdigkeit, Ausflugsziel
- Touristinformation / Krankenhaus
- Reisemobilhafen / Campingplatz
- Schutzhütte / Rastplatz
- Grillplatz / Grillhütte
- Spielplatz / Kabinenseilbahn
- Jugendherberge / Schöner Ausblick
- Gaststätte / Café
- Hotel / Pension
- Heuhotel / Imbiss
- Kirche / Kapelle / Ruine
- Denkmal / Forsthaus
- Mühle / Grenzstein
- Bergwerk, -stillgelegt
- Windrad / Feldkreuz
- Funkmast / Funkturm / Turm
- Klippe, Felsen / Wüstung
- Hofladen / Schloss, Burg
- Theater / Museum
- Archäologische Grabungsstätte / Historisches Bauwerk
- Parkplatz / Parkhaus
- Wanderparkplatz / Parkplatz barrierefrei
- Spicke – Bezeichnung des Wanderparkplatzes
- Kanusportmöglichkeit / Tankstelle
- Hallenbad / Freibad, Freibademögl.
- Wassertretstelle / Angelmöglichkeit
- Tennisplatz / Kurort mit Kurbetrieb
- Reiterhof, Gestüt / Tierpark, Wildgehege
- Fahrradverleih / Sommerrodelbahn
- Segelflugplatz / Schießstand
- Minigolf / Golfplatz
- Kletterwald / Skaterbahn
- Bootsverleih / Wassersportmöglichkeit
- Haltestelle / Poststelle
- Skilift / Infotafel Geopark
- Infotafel / Naturpark-, Nationalparkinformation
- Hervorragender Baum / Polizei
- Wildbeobachtungsstation / Umweltforschungsstation
- Wegekreuz im Nationalpark

- Landesgrenze
- Kreisgrenze
- Nationalparkgrenze
- NSG – Grenze Naturschutzgebiet
- Weltnaturerbe
- Sumpf, Moor
- Alt Asel – ehem. Dorfstellen im Edersee
- Scheid – Fährverbindungen mit Anlegestellen
- Fahrgastschifffahrt
- Deutsche Fachwerkstraße – Deutsche Fachwerkstraße

Wanderwege

- Hauptwanderweg
- Regional-, Gebietswanderweg
- Örtlicher Rundwanderweg
- Lehrpfade
- Kellerwaldsteig
- Alternativrouten des Kellerwaldsteigs
- Zuwege von Wanderparkplätzen und Orten zum Kellerwaldsteig
- Rundwanderwege am Kellerwaldsteig mit Anbindung an Wanderparkplätze
- **Urwaldsteig Edersee (Hauptroute)**
- Nebenweg des Urwaldsteigs Edersee
- Zuweg zum Urwaldsteig Edersee
- Lichtenfelser Panoramaweg
- Zuwege zum Lichtenfelser Panoramaweg
- Habichtswaldsteig
- X1 – Sternweg
- X6 – Sauerlandweg
- X7 – Herkulesweg
- X8 – Barbarossaweg
- X12 – Bonifatiusweg
- X13 – Studentenpfad / Hanseweg
- X16 – Lulluspfad
- WDE – Wanderweg der deutschen Einheit
- Ederhöhenweg
- Ederseeweg
- Hugenotten- und Waldenserpfad
- 1 4 8 – Hessenwege
- ARS NATURA- Kunst am Wanderweg

- D – Diemel-Eder-Weg
- T – Tälerring
- Regional- und Verbindungswege
- MB – Medebacher Bucht Rundweg
- B – Burgwaldpfad
- F – Extratour Franzosenwiesen
- C – Extratour Christenberg
- K – Extratour Knebelsrod
- G – Extratour Galgenberg
- B – Extratour Butzmühlenweg
- Pilgerweg Bad Zwesten
- Ö – Ökotrail bei Fürstenberg
- Kulturhistorischer ökologischer Lehrpfad bei Bergfreiheit
- Ti – Tischbein-Wanderweg Haina (Kloster) - Dodenhausen
- Rundwanderweg Stamford´scher Garten
- Premiumwanderweg "Um´s Dorf" Kleinern
- Archäologischer Wanderweg bei Römersberg
- Apfellehrpfad bei Haina (Kloster)
- Sternengucker-Lehrpfad bei Albertshausen
- Urfftalweg
- Archeerlebnispfad
- Stätte Tour
- E – Eisensteinweg
- Knorreichenstieg

Radwege

- Radweg
- Empfohlene Radroute
- R4 R6 – Hessische Radfernwege
- Nationalpark-Radweg
- Zuwege zum Nationalpark-Radweg
- Kassel-Edersee-Radweg
- E – Ederseeradweg
- ER1 ER4 – Weitere Edersee-Radtouren
- Lahn-Eder-Radweg
- Burgwald-Radweg
- Otto-Ubbelohde-Radweg
- Ohm-Eder-Radweg
- Edersee-Bahnradweg
- Schwalm-Radweg
- LR1 LR3 – Lichtenfelser Radwege

Rundwanderwege im Nationalpark Kellerwald-Edersee

- Bloßenberg-Route
- **Daudenberg-Route**
- Dicker-Kopf-Route
- Heimbachroute
- **Traddelkopfroute**
- Locheichenroute
- Elsbach-Route (Waldökologischer Lehrpfad)
- Fahrentrieschroute
- Hagensteinroute
- Heidelehrpfad
- Hegekopf-Route
- Ochsenwurzelskopf-Route
- Goldgräberpfad
- Ringelsberg-Route
- Mehler-Holz-Route
- Dreiherrenstein-Route
- Bösenbergroute
- Querst-Route (Waldökologischer Lehrpfad)
- Talgang-Route
- Seligenpfad

Rot hinterlegt sind die im Buch beschriebenen Wanderrouten

Nationalpark
Kellerwald
Edersee
Schmittlotheim
(Gemeinde Vöhl)
ALTENLOTHEIM
(Stadt Frankenau)
FRANKENAU
FREBERSHAUSEN
(Stadt Bad Wildungen)
Fahrentriesch
Kastaniendreieck
Zimmerplatz
Elisabethenplatz
Locheiche
Frankenauer Tor
Quernst
Felsen Wichtelsteine
Fossile Schleifmarken
Kellerwaldhalle
KD Ruine Keseberg
Wald- u. Vogelleripfad
Maßstab 1 : 33 000
0
0,5
1 km